2019年主题出版重点出版物

“十三五”国家重点出版物出版规划项目

新时代马克思主义经典文献精学导读丛书　主编/顾海良

《中国革命和中国共产党》精学导读

王树荫　马二杰◎著

科学出版社

北京

内 容 简 介

《中国革命和中国共产党》一文坚持马克思主义基本原理与中国革命具体实际相结合，清晰阐述了中国社会的历史发展、性质特征、主要矛盾，科学分析了近代中国革命的对象、任务、动力、性质、前途和中国共产党的历史任务，是新民主主义革命时期的纲领性文献，在毛泽东思想发展史上占有重要的地位。本书以1991年版《毛泽东选集》第二卷中的文本为底本，分为11个部分对《中国革命和中国共产党》的形成背景、基本思想和主要观点作简练、通俗导读。

本书适合马克思主义理论类专业的本科生、研究生，以及广大党员干部和对马克思主义理论感兴趣的人士阅读。

图书在版编目（CIP）数据

《中国革命与中国共产党》精学导读 / 王树荫，马二杰著. —北京：科学出版社，2019.11

（新时代马克思主义经典文献精学导读丛书 / 顾海良主编）

"十三五"国家重点出版物出版规划项目

ISBN 978-7-03-063496-2

Ⅰ. ①中… Ⅱ. ①王… ②马… Ⅲ. ①毛泽东著作研究 Ⅳ. ①A841.24

中国版本图书馆CIP数据核字（2019）第260826号

责任编辑：杭 玫 / 责任校对：贾娜娜

责任印制：张 伟 / 封面设计：润一文化

科学出版社 出版

北京东黄城根北街16号

邮政编码：100717

http://www.sciencep.com

北京盛通商印快线网络科技有限公司 印刷

科学出版社发行 各地新华书店经销

*

2019年11月第 一 版 开本：720×1000 1/16

2022年 3 月第三次印刷 印张：10 3/4

字数：107 000

定价：34.00元

（如有印装质量问题，我社负责调换）

总　　序

“新时代马克思主义经典文献精学导读”是根据新时代学习马克思主义经典著作的需要，对各主要的经典著作所蕴含的马克思主义基本原理及其精神实质作出学习和研究性导读。

马克思主义基本原理是马克思主义的理论精粹，体现了马克思主义的根本性质和整体特征，体现了马克思主义立场观点方法的核心要义，体现了马克思主义科学性、人民性、实践性和时代性的思想特征。习近平总书记指出：“掌握马克思主义，最重要的是掌握它的精神实质，运用它的立场、观点、方法和基本原理分析解决实际问题。”①在坚持和发展中国特色社会主义中，我们说“老祖宗”不能丢，在根本上就是马克思主义基本原理不能丢。

马克思主义基本原理深刻地蕴含于马克思主义经典著作之中；马克思主义经典著作是马克思主义基本原理的思想本源和理论基础。同时，马克思主义经典著作也蕴藏着马克思主义经典作家汲取人类探索真理的丰富的思想成果，深刻展现了马克思主义经典作家攀登科学高峰、矢志追求真理的精神境界。深入研读马克思主义经典著作是理解和掌握马克思主义基本原理

---

① 习近平：《中国共产党 90 年来指导思想和基本理论的与时俱进及历史启示》,《学习时报》2011 年 6 月 27 日。

的必修课，也是理解和掌握马克思主义理论体系的基本功。如习近平总书记所指出的："共产党人要把读马克思主义经典、悟马克思主义原理当作一种生活习惯、当作一种精神追求，用经典涵养正气、淬炼思想、升华境界、指导实践。"①

"马克思主义就是我们共产党人的'真经'，'真经'没念好，总想着'西天取经'，就要贻误大事！"②在提到学习《共产党宣言》的重要意义时，习近平总书记提出："广大党员、干部特别是高级干部要学好用好《共产党宣言》等马克思主义经典著作，坚持学以致用、用以促学，原原本本学，熟读精思、学深悟透，熟练掌握马克思主义立场、观点、方法，不断提高马克思主义理论素养。"③理论联系实际，在深化马克思主义经典著作研究阐释中，"推进经典著作宣传普及，让理论为亿万人民所了解所接受，画出最大的思想同心圆。"④

"新时代马克思主义经典文献精学导读"对各经典著作的研究阐释，由北京大学、中国人民大学、北京师范大学等高校马克思主义学院从事马克思主义经典著作教学和研究的学者担纲。在对各经典著作的研究阐释中，首先力求对各经典著作形成的社会和历史条件作出准确解读，凸显相应的马克思主义基

①《十九大以来重要文献选编》上，中央文献出版社 2009 年版，第 434 页。

②《习近平关于全面从严治党论述摘编》，中央文献出版社 2016 年版，第 66 页。

③ 习近平：《中国共产党是〈共产党宣言〉精神忠实传人》，《人民日报》2018 年 4 月 25 日。

④ 习近平：《深刻感悟和把握马克思主义真理力量 谱写新时代中国特色社会主义新篇章》，《人民日报》2018 年 4 月 25 日。

本原理形成和发展的思想基础和理论背景；其次力求对各经典著作理论内涵和精神实质作出系统导读，彰显新时代学习和实践相应的马克思主义基本原理的理论意义和现实意义；最后力求对经典著作中体现的科学原理和科学精神相结合的思想特征作出全面论述，更为深刻地理解“历史和人民选择马克思主义是完全正确的，中国共产党把马克思主义写在自己的旗帜上是完全正确的，坚持马克思主义基本原理同中国具体实际相结合、不断推进马克思主义中国化时代化是完全正确的”[①]。

“要以科学的态度对待科学，以真理的精神追求真理，不断赋予马克思主义以新的时代内涵。”[②]习近平新时代中国特色社会主义思想就是当代中国马克思主义，就是 21 世纪马克思主义。学习马克思主义经典著作，要同学习习近平新时代中国特色社会主义思想结合起来。在这一结合中，更为深刻地理解习近平新时代中国特色社会主义思想，更有定力、更有信心，也更加自觉、更加自信地坚持和发展新时代中国特色社会主义，确保中华民族伟大复兴的巨轮始终沿着正确航向破浪前行。

顾海良

2019 年 11 月 1 日

①《十九大以来重要文献选编》上，中央文献出版社 2009 年版，第 427—428 页。

② 习近平：《深刻感悟和把握马克思主义真理力量 谱写新时代中国特色社会主义新篇章》，《人民日报》2018 年 4 月 25 日。

前　言

《中国革命和中国共产党》是 1939 年冬季，由毛泽东在延安时期与他人合作撰写的一个课本。第一章《中国社会》由其他同志起草，经毛泽东修改定稿。第二章《中国革命》由毛泽东独立完成。第三章原来准备写《党的建设》，因担任写作的同志没有完稿而停止。1940 年下半年，毛泽东根据当时的形势和打退第一次反共高潮的经验，对《中国革命和中国共产党》第二章第四节“中国革命的动力”这一部分作了修改，“将大资产阶级与民族资产阶级加以区别；将亲日派大资产阶级与英美派大资产阶级加以区别；将大地主与中小地主及开明绅士加以区别。”①

《中国革命和中国共产党》一文坚持马克思主义基本原理与中国革命具体实际相结合，清晰阐述了中国社会的历史发展、性质特征、主要矛盾，科学分析了近代中国革命的对象、任务、动力、性质、前途和中国共产党的历史任务，是新民主主义革命时期的纲领性文献，在毛泽东思想发展史上占有重要的一席之地。

目前最早可见的《中国革命和中国共产党》版本，为 1939 年陕甘宁边区新华书店出版，包含两个独立成章的部分，文末标注“一九三九年十二月十五日”。这两章 1940 年春先后在《共产党人》杂

---

①《毛泽东年谱（1893—1949）》，修订本中卷，中央文献出版社 2013 年版，第 156 页。

志第 4 期和第 5 期上发表。新民主主义革命时期很多期刊、教材、报纸收录该文，也出版过很多单行本，文章标题均为《中国革命与中国共产党》①。1952 年 3 月经毛泽东亲自审定，收入人民出版社出版的《毛泽东选集》第二卷，题名改为《中国革命和中国共产党》。

本书以 1991 年版《毛泽东选集》第二卷中的文本为底本，分为 11 个部分对《中国革命和中国共产党》的形成背景、基本思想和主要观点作简练、精当导读。

①《中国革命和中国共产党》一文在新民主主义革命时期，题目都是《中国革命与中国共产党》。为了尊重历史和行文便利、方便读者，除引文外都采用《中国革命和中国共产党》。

目　　录

第一章　历史与现实的追问

1840 年的中英鸦片战争开启了近代中国的屈辱历史，外有列强侵凌，内有腐朽晚清，泱泱大国昔日辉煌不再。实现中华民族伟大复兴，实现国家富强、民族振兴、人民幸福，成为亿万中华儿女的共同夙愿。中国共产党从 1921 年诞生之日起，在马克思列宁主义科学理论的指导下，带领中国人民经受了一次又一次严峻考验、克服了一个又一个艰难险阻，以党的自我完善不断推动中国革命的进步发展。20 世纪 30 年代末 40 年代初，尽管民主革命尚未取得成功，但抗战胜利的曙光依稀可见。回溯历史，近代革命走过百年的漫长历程，对于半殖民地半封建国家如何进行革命的问题，中国共产党形成了清晰的认知；审视现实，抗日战争进入战略相持阶段，对于加强党的建设以扭转整个战争走向的问题，中国共产党进行了深入的思考；面向未来，对于革命胜利之后建立什么样国家的问题，中国共产党提出了成熟的构想。在这历史转折的关键时刻，《中国革命和中国共产党》一文梳理了中国社会的演进历程，分析了中国革命的基本问题，描绘了国家民族的光明前景，明确了中国共产党的伟大使命，以厚重的底蕴透视历史，以切近的眼光关照现实，以开阔的视野谋划未来，面对中国向何处去、中国革命怎么搞等一系列难题，向时代和人民交出了中国共产党人的优秀答卷。

一、中国向何处去？

中国向何处去？在20世纪30—40年代的中国，既是一个理论问题，也是一个现实问题。近代中国革命的展开伴随着对国家出路的渴求、对美好前途的向往，中国人民从来没有放弃过行动上的抗争，也从来没有停止过思想上的争鸣。不同党派、团体和个人的阶级立场、政治主张和价值取向泾渭分明，对此问题的回答众说纷纭。30年代以来，在民族大义面前各方暂且放下冲突共同对外，寻求利益的最大公约数。随着抗战的推进，中国向何处去成为全社会普遍关注的焦点，人们思考的重心不仅仅是抗日战争能不能胜利，还包括胜利的果实由谁分享、阶级矛盾怎样处理、党派关系如何定位等等。在这些关系国家前途和命运的重大问题上，各方之间的分歧逐渐由隐匿转向公开，意识形态领域的较量日趋激烈。中国共产党、中国国民党是其中两支最为重要的力量，他们之间的冲突也最为明显，从各自的阶级立场出发提出了完全不同的建国主张，把中国革命引向截然相反的道路，中国人民面临着或奔向光明或堕入黑暗的两种前途、两种命运的斗争。

（1）中国国民党企图建立一党专政的国家政权。面对日本发动全面侵华战争，国民党鉴于外部形势的变化和来自人民的压力，最终接受了共产党的抗战主张，但其动机不单纯在于救亡，而是带有很强的功利性。国民党主张抗战与建国相辅相成、同时并重，将抗战视为国民革命过程中必经之途径。1938 年 3 月 29 日至 4 月 1 日，国民党在武汉召开了临时全国代表大会，大会宣言提出："吾人必须于抗战之中，集合全国之人力物力，以同赴一的，深植建国之基础。然后抗战胜利之日，即建国大业告成之日，亦即中国自由平等之日也。"[①]这里公开宣称的"自由平等、抗战建国"，并不能掩盖国民党一党专政的真正意图。大会通过的《统一革命理论肃清政治斗争之意识案》以"国家至上，民族至上"的名义，要求"消灭政治斗争之意识"[②]。大会还确认了蒋介石的全党最高领袖地位，"自抗战开始以来，中央执行委员会已以一致之决议，授权蒋中正同志统一党政军之指挥，负抗战建国之大任"[③]，并在《抗战建国纲领决议案》中明确规定："全国抗战力量应在本党及蒋委员长领导之下，集中全力，奋励迈进。"[④]这为国民党的一党专政、蒋介石的个人独裁提供了法律依据。国统区掀起了鼓吹"一个主义、一个政党、

① 荣孟源主编：《中国国民党历次代表大会及中央全会资料》（下册），光明日报出版社 1985 年版，第 466 页。

② 荣孟源主编：《中国国民党历次代表大会及中央全会资料》（下册），光明日报出版社 1985 年版，第 489 页。

③ 荣孟源主编：《中国国民党历次代表大会及中央全会资料》（下册），光明日报出版社 1985 年版，第 475 页。

④ 荣孟源主编：《中国国民党历次代表大会及中央全会资料》（下册），光明日报出版社 1985 年版，第 485 页。

一个领袖”的宣传运动，提出了“信仰领袖，要信仰到迷信程度；服从领袖，要服从到盲从程度”[①]的宣传口号，神化蒋介石的功绩和地位，竭力吹捧和美化领袖制度，不断强化蒋介石个人的权威。1939年3月，国民党中央公布了《国民精神总动员纲领及实施办法》，在“国家至上，民族至上”的幌子下，要求“意志集中力量集中”，确立“同一道德同一信仰”[②]，加强对群众的精神控制，国民党在专制的道路上越走越远。

国民党一方面利用人民群众达成其所谓“抗战建国”的目的；另一方面，又害怕群众的力量威胁自己的统治地位，因而不敢发动群众、武装群众。国民党特别惧怕共产党力量特别是武装力量的发展壮大，在加强经济管制、政治控制、思想压制的同时，将共产党视为异己分子，制造种种借口进行大量反共活动，试图让共产党臣服于国民党的领导。1939年1月，国民党五届五中全会在重庆召开，蒋介石发表了《整顿党务之要点》的讲话，大会确立了“防共、限共、溶共、反共”的方针，成立了“防共委员会”，相继出台了《防制异党活动办法》《异党问题处置办法》等文件，大肆鼓吹共产主义不适合中国国情的谬论。从中可见，国民党的建国方案代表了大地主、大资产阶级的利益，其中根本没有共产党和广大人民的立足之地，妄图独吞抗战胜利果实、把抗战的胜利引向其“一党专政”的用心

① 恽逸群：《30年见闻杂记》，金陵书画社1983年版，第27页。

② 彭明主编：《中国现代史资料选辑》第5册（1937—1945）下，中国人民大学出版社1989年版，第116、119页。

昭然若揭。

（2）中国共产党坚持把抗战的胜利引向人民的胜利。日本大肆入侵，中华民族遭遇前所未有的危机。中日战争是“半殖民地半封建的中国和帝国主义的日本之间在二十世纪三十年代进行的一个决死的战争”[①]，它决定着近代中国革命的前途命运，影响着中国共产党未来的政治构想。在这场战争中，中国共产党率先举起全民族抗战的旗帜，倡导和建立了最广泛的抗日民族统一战线。以毛泽东为代表的中国共产党人号召全国总动员，激发群众的主体力量，认可群众的革命贡献，主张把抗战的胜利引向人民的胜利，提出了革命胜利之后建立新民主主义共和国的合理设想。

面对强大的日本侵略者，有人妥协退缩，有人盲目轻敌，“亡国论”“速胜论”一度甚嚣尘上，社会上悲观失望的情绪一再渲染，严重扰乱了军心民心。中国共产党在 1937 年 8 月召开的洛川会议上通过了《抗日救国十大纲领》，确立了全面抗战的总路线，这与国民党的片面抗战路线有本质区别。1938 年 5 月，毛泽东在《论持久战》中深刻分析了国际形势和历史趋势、全面剖析了中日两国的基本国情，指出：“抗日战争是持久战，最后胜利是中国的——这就是我们的结论。”[②]中国共产党既有乐观积极的心态，又有实事求是的作风，及时澄清了党内外关于抗战前途的错误认知，引导群众认清革命形势，坚定必胜信念，

①《毛泽东选集》第 2 卷，人民出版社 1991 年版，第 447 页。
②《毛泽东选集》第 2 卷，人民出版社 1991 年版，第 515 页。

为抗日战争的胜利奠定了思想基础。

中国人民是抗战胜利的关键因素。中华民族的抗日战争是全民的抗战，依靠和团结广大人民群众，充分发挥人民群众的历史作用，这是中国共产党的一贯做法，也是优势所在。1937 年 7 月，毛泽东在《反对日本进攻的方针、办法和前途》中指出："民族战争而不依靠人民大众，毫无疑义将不能取得胜利。"[①]在《持久战》中，毛泽东强调"兵民是胜利之本"[②]，"战争的伟力之最深厚的根源，存在于民众之中"[③]。在关于人、物孰重孰轻的争辩中，毛泽东鲜明地表达了自己的见解：武器固然重要，"但不是决定的因素，决定的因素是人不是物"[④]。中国共产党敢于动员群众、善于团结群众，这是夺取抗战胜利的根本保证，也是推进新民主主义革命胜利的关键，"抗战胜利是人民流血牺牲得来的，抗战的胜利应当是人民的胜利，抗战的果实应当归给人民"[⑤]。正是看到了人民群众在抗战中的独特地位和突出贡献，抗战胜利后共产党组建的政权中将要对此予以充分体现。共产党不仅进行了理论构思，而且在抗日根据地进行了初步尝试，取得了明显成效。中国共产党实行抗战与民主的统一，既是党的性质和宗旨所决定的，也有现实的原因和需要，有必要对其建立新民主主义共和国、实行联合执政的理论主张进行深入的

①《毛泽东选集》第 2 卷，人民出版社 1991 年版，第 347 页。
②《毛泽东选集》第 2 卷，人民出版社 1991 年版，第 509 页。
③《毛泽东选集》第 2 卷，人民出版社 1991 年版，第 511 页。
④《毛泽东选集》第 2 卷，人民出版社 1991 年版，第 469 页。
⑤《毛泽东选集》第 4 卷，人民出版社 1991 年版，第 1129 页。

论证和广泛的宣传，为此，毛泽东先后发表多篇文章正面阐述中国共产党的建国方略，否认一党一阶级专政的可能，提出非资本主义的革命前途，坚持把抗战的胜利引向人民的胜利，最大限度地保障参与抗战的各个党派、团体和个人的利益，《中国革命和中国共产党》就是在这样的时代背景下产生的。

二、中国革命怎么搞?

中国革命怎么搞，这涉及了一系列复杂的问题，从不同侧面反映了中国革命的基本特质，揭示了中国革命的整体样貌，主要包括：中国革命的性质是什么？中国革命的领导者和对象分别是谁？中国革命的动力有哪些？中国革命应该选择什么样的道路？中国革命分为几个阶段？这些问题亟待从理论上予以回答。鸦片战争以来，中国被迫踏上革命征程，与西方帝国主义、本国封建主义展开激烈争斗，革命的每一步都至关重要。抗战开始以后，中国革命处在一个新的国际环境之中，抗战的前途与国家、民族、个人的命运休戚相关。中国共产党结合特定的时代环境，以巨大的勇气推进马克思主义中国化，解决了革命过程中遇到的这样那样的问题，对“中国革命怎么搞”从知之较少到知之甚多。

（1）中国共产党走过了近二十年的革命历程，有待进行经验总结。中国共产党从成立至抗战，始终行走在革命的道路上，积累了丰富的经验。幼年的中国共产党“是对于中国的历史状况和社会状况、中国革命的特点、中国革命的规律都懂得不多的党，是对于马克思列宁主义的理论和中国革命的实践还没有完整的、统一的了解的党”[①]。由于缺乏对马克思主义真谛的深刻领悟和对中国社会的透彻了解，中国共产党还不善于把马克思主义基本原理与中国革命具体实践相结合，对一些问题的认识不可避免地出现了误区，正如毛泽东后来所言，“过去那么多年的革命工作，是带着很大的盲目性的”[②]。以革命道路的选择为例，中国共产党曾经深受城市中心论的影响，犯了教条主义的错误。恩格斯认为西班牙军事暴动提供了很好的做法，即驻军由一个城市开到另一个城市，起义队伍就像滚雪球一样越来越大。[③]无论是法国巴黎公社的成立还是俄国十月革命的胜利，都以大城市为根据地，中国共产党一开始便把主攻的方向放到了大城市。大革命失败后，中国共产党在南昌、长沙、广州等地连续发动大规模城市暴动，均遭失败，伤亡惨重。以城市为中心的起义运动在中国水土不服，导致革命走了弯路。在残酷的现实面前，以毛泽东为代表的中国共产党人反其道行之，在敌人力量薄弱的广大农村地区开辟革命根据地，实现了党的工作重心由城市到农村的转移，将革命带入正确的发展轨道，走出了一条有中国特色的农村包围城市、武装夺取政权的道路。

①《毛泽东选集》第 2 卷，人民出版社 1991 年版，第 610 页。
②《毛泽东文集》第 8 卷，人民出版社 1999 年版，第 300 页。
③ 参见《马克思恩格斯全集》第 18 卷，人民出版社 1964 年版，第 533 页。

因此，革命道路的样态并非一成不变，革命的领导者必须坚持具体情况具体分析。同样，“中国革命怎么搞”的问题没有固定的模式可以套用，没有现成的答案可供遵循，中国共产党必须在领导革命的过程中不断反思、总结、提升，使马克思主义革命理论更加符合现实需要，更好地引领革命事业的发展。

（2）中国革命面临一些理论困惑，有待继续深化认知。通往革命成功的道路崎岖坎坷且布满了荆棘。中国共产党人努力把握革命的特征、探寻革命的出路，对中国革命的性质、对象、任务、动力、道路、前途等进行研究，提出了许多符合中国实际的理论主张，尽管如此，仍然有一些问题亟待深入。在新中国成立后毛泽东曾经说过：“过去，特别是开始时期，我们只是一股劲儿要革命，至于怎么革法，革些什么，哪些先革，哪些后革，哪些要到下一阶段才革，在一个相当长的时间内，都没有弄清楚，或者说没有完全弄清楚。”[①]这正是早期共产党的真实写照。一方面，中国革命是一个动态的过程，革命形势瞬息万变，为了有效地同敌人展开斗争，中国共产党必须与时俱进以应对外界变化。以革命动力为例，如何定位农民的革命地位？民族资产阶级是敌是友？大地主、大资产阶级的革命立场如何？此类问题没有标准答案，在不同的革命阶段，不同阶级对待革命的态度不尽相同，革命的动力来源随之扩大或缩小。大革命失败以后，由于大地主、大资产阶级的背叛，工人、农民

①《毛泽东文集》第 8 卷，人民出版社 1999 年版，第 300 页。

成为革命的中坚力量。抗战之后，民族矛盾日益尖锐，大地主、大资产阶级有加入革命阵营的可能，原有的革命动力学说已经不能适应新的革命需要，亟待以理论的创新推动革命的继续发展。另一方面，中国革命是一个复杂的过程，社会各界的政治立场不同，党内人士的理论水平各异，对有关问题的认识存在分歧。例如，关于革命发展阶段的问题，中国共产党很早就确立了新民主主义革命、社会主义革命的战略，对二者的关系有过说明，但一次革命论、二次革命论在此之后分别出现，与共产党倡导的“革命发展阶段论”和“不断革命论”截然对立，造成了人民群众思想观念上的混淆。错误的观点不会自动生成，也不可能自动消除，唯有强化马列主义理论教育，深化对革命问题的认识，才能自觉抵制不良倾向造成的影响。

总的来说，中国共产党在领导近代革命的过程中，有成功的经验，也有失败的教训，“在民主革命时期，经过胜利、失败，再胜利、再失败，两次比较，我们才认识了中国这个客观世界”[①]。回望过去，才能更清楚地看到革命的成败与得失；站立当前，才能更透彻地了解革命的现在与未来。共产党对中国革命的认知趋于科学化、理性化，“在抗日战争前夜和抗日战争时期，我写了一些论文，例如《中国革命战争的战略问题》、《论持久战》、《新民主主义论》、《〈共产党人〉发刊词》，替中央起草过一些关于政策、策略的文件，都是革命经验的总结。那些论文和文件，

①《毛泽东文集》第 8 卷，人民出版社 1999 年版，第 299 页。

只有在那个时候才能产生，在以前不可能，因为没有经过大风大浪，没有两次胜利和两次失败的比较，还没有充分的经验，还不能充分认识中国革命的规律”[①]。中国共产党人完全有能力对实践经验进行理论概括并将之上升为理论体系，其中,《中国革命和中国共产党》对“中国革命怎么搞”所关涉的诸多问题逐一展开说明，为完整的新民主主义论的形成奠定了基础。

三、中国共产党的历史使命

中国共产党自成立之日起,就是一个用共产主义理想信念凝聚而成的马克思主义政党。马列主义是立党立国之根本，实现共产主义是党的最高理想和最终奋斗目标。正如刘少奇在《论共产党员的修养》中指出的那样：“共产主义事业是我们的终身事业。我们终身的一切活动，都是为了这个事业，而不是为了别的。”[②]“推动社会主义和共产主义事业不断前进，使社会主义和共产主义社会更快地实现。这就是我们的理想。”[③]共产主义是全体共产党人永恒的追求和毕生的信仰，激励着一代又一代共产党人英勇奋斗。纵然中国革命历经两次重大失败，无数革命烈士为此献出了宝贵的生命，仍然毫不动摇，初心不

①《毛泽东文集》第 8 卷，人民出版社 1999 年版，第 299 页。

② 中共中央文献研究室，中央档案馆编:《建党以来重要文献选编（一九二一—一九四九）》第 16 册，中央文献出版社 2011 年版，第 494 页。

③ 中共中央文献研究室，中央档案馆编:《建党以来重要文献选编（一九二一—一九四九）》第 16 册，中央文献出版社 2011 年版，第 489 页。

改，事实表明，“对马克思主义的信仰，对社会主义和共产主义的信念，是共产党人的政治灵魂，是共产党人经受住任何考验的精神支柱”[①]。共产主义社会是人类历史上最进步的社会，实现共产主义理想是共产党员最重要的使命。共产主义事业既空前伟大，又空前艰难，需要几代人甚至几十代人持之以恒的奋斗，无法一步登天；需要实事求是的精神和脚踏实地的工作，不能好高骛远。在追求共产主义的道路上，既要胸怀理想信念，又要做好现阶段的每一项工作，如果只有远大的志向而没有当下的努力，就“只能是空想家、空谈家或学究”[②]。中国共产党人既是共产主义的坚定信仰者，也是忠诚实践者，历来主张把远大理想和现实任务相结合，在变化多端的环境中找准历史坐标，在纷繁复杂的局势中认清历史使命。中共“二大”提出了革命的最高纲领、最低纲领，将宏大的革命理想细化为具体的革命步骤，规定了每一时期的相应任务。抗战以来，以毛泽东为代表的中国共产党人，制定了从新民主主义走向社会主义、最终实现共产主义的战略三部曲，并进一步提出了中国共产党必须首先完成的双重任务。毛泽东强调：“关于社会制度的主张，共产党是有现在的纲领和将来的纲领，或最低纲领和最高纲领两部分的。在现在，新民主主义，在将来，社会主义，这是有

① 习近平：《紧紧围绕坚持和发展中国特色社会主义　学习宣传贯彻党的十八大精神——在十八届中共中央政治局第一次集体学习时的讲话》，人民出版社2012年版，第11页。

② 中共中央文献研究室，中央档案馆编：《建党以来重要文献选编（一九二一—一九四九）》第16册，中央文献出版社2011年版，第494页。

机构成的两部分，而为整个共产主义思想体系所指导的”[①]。实现理想是一个逐步的过程，中国革命是一个有机的整体，共产党首先肩负着完成新民主主义革命的历史使命，推翻帝国主义、封建主义、官僚资本主义的反动统治，实现人民独立和民族解放；继而肩负着完成社会主义革命的历史使命，在条件成熟的时候向社会主义过渡，消灭剥削阶级，建立社会主义国家。新民主主义革命、社会主义革命两个阶段环环相扣，中国共产党带领广大人民群众在追求最高理想、立足当前革命的道路上昂首阔步向前。

毛泽东撰写《中国革命和中国共产党》，就是为中国人民谋幸福、为中华民族谋复兴探寻革命道路、探究建国良策。鸦片战争以来，中国满目疮痍，人民饥寒交迫，强国富民是中华儿女内心深处的渴盼，也是近代中国历史发展的主题。在内忧外患交织、民族危机深重的年代，中国人民困顿无助、迷茫忧虑，农民阶级、地主阶级、资产阶级等虽多方探索却屡屡求而不得。此时，中国先进的知识分子被科学的理论所折服，坚定地走上了马克思主义道路，中国共产党应运而生。中国共产党是无产阶级政党，为中国人民谋幸福、为中华民族谋复兴是共产党的初心和使命，她的诞生给在黑暗深处奋力挣扎的中国带来了光明和希望，中华民族、中国人民有了主心骨，民族独立、人民解放有了现实可能性。从此，为了挽救国家于危难之中、解救

①《毛泽东选集》第2卷，人民出版社1991年版，第686页。

人民于水火之中，中国共产党人怀着至真至诚的赤子之心踏上了反帝反封建的新征程，带领全国各族人民踏上了民族复兴的逐梦之旅。在民主革命时期，共产党与人民同呼吸、共命运，把人民的需要作为言行的出发点和落脚点，“共产党人的一切言论行动，必须以合乎最广大人民群众的最大利益，为最广大人民群众所拥护为最高标准”[①]。全心全意为人民服务的宗旨贯穿在各个历史时期、体现在各个方面，“从土地、劳动问题，到柴米油盐问题”[②]，中国共产党时刻关注群众生活、切实维护农民利益。抗战以前，共产党领导开展了以“打土豪、分田地”为核心的土地革命运动，勇敢地向封建剥削制度宣战，赋予劳苦大众平等享有土地的权利，给苏区带来了巨大的变化。全面抗战开始以后，共产党一如既往地践行党的群众路线，在政治领域组建民主政权，经济领域减租减息，文化领域开办补习学校，不断满足广大人民群众的物质需要和精神需要。民族独立是人民解放的坚实支撑和有力保障，离开了民族的独立，人民的解放将失去坚实的支撑。中国共产党不仅真心实意为人民谋幸福，更是一心一意为民族谋复兴。中国共产党顺应时代潮流、勇担历史重任，以实现国家富强、民族振兴、人民幸福为己任，将之作为党制定任何路线、方针、政策的基本价值遵循，在艰苦的环境中开辟农村革命根据地，走上武装夺取政权的道路；在复杂的局面中建立抗日民族统一战线，提出了又联合又斗争的

①《毛泽东选集》第 3 卷，人民出版社 1991 年版，第 1096 页。
②《毛泽东选集》第 1 卷，人民出版社 1991 年版，第 138 页。

策略等等。以毛泽东为代表的共产党人劳心焦思，深切关注当前的革命动态、科学谋划未来的革命走向，围绕着救国救民的时代主题付出了异常艰辛的努力，进行了不屈不挠的斗争，从不游离于民族复兴的伟大梦想之外。全面抗战时期，共产党着力用共产主义理想武装党员干部，不断克服非无产阶级思想的侵蚀，并与各种错误思潮展开激烈斗争，力争把全党的思想认识统一到党的决策部署上来。在决定国家、民族前途命运的关键时刻，毛泽东接连写下了《中国革命战争的战略问题》《抗日游击战争的战略问题》《论持久战》等多篇理论名著，进一步阐释党的理论，揭示党的立场，表明党的决心。《中国革命和中国共产党》是其中的代表性成果，不仅论述了中国革命的基本问题，也展现了中国共产党人不忘初心、牢记使命的执着坚守。

第二章　中国是一个伟大的民族国家

兴于黄河流域，居于四方之中，中国是一个伟大的民族国家。浩瀚的历史长河见证了帝王的兴衰、朝代的更迭，中华民族在此过程中历经沧桑巨变、饱受挫折磨难，却始终绵延不绝、生生不息。上下五千年，巍巍中华魂，悠悠赤子心，各族儿女一路风雨一路歌，共同创造了熠熠生辉的华夏文明，塑造了独具特色的民族精神，留下了博大精深的思想遗产，在人类社会发展史上谱写了可歌可泣的壮丽篇章。毛泽东在《中国社会》一章开篇即援引“中华民族”这一概念作为标题，抒发对大好河山和劳动人民的热爱，对悠久文明和灿烂文化的赞叹，深邃的历史思维和深沉的爱国情怀贯穿其中，既展现了古老中国的深厚底蕴和辉煌成就，又唤起了中华儿女的自豪感和自信心，为后文的论证做了很好的铺陈。

一、广袤辽阔的国土

众所周知，广袤辽阔的国土意味着无限的发展空间，蕴含着无穷的发展可能。古往今来，领土争端历来是两国交恶、战争纷起的根源之一，领土的重要性不言而喻。漫漫征程中，中华儿女筚路蓝缕，共同开拓了幅员辽阔的疆域，使中国成为世界上最大的国家之一，“它的领土和整个欧洲的面积差不多相等”[①]，为后世永续发展提供了坚实的支撑和不竭的动力。

广袤辽阔的国土造就了层次分明的大自然形态，赋予了中华民族得天独厚的发展优势，毛泽东在文中从四个方面加以说明。首先，“有广大的肥田沃地，给我们以衣食之源”[②]。中国人口众多，肥田沃土是生存之本。广袤无垠的土地助推着农业的发展，提供衣食之源，满足给养之需，使广大人民群众能够世世代代在这片土地上安居乐业。其次，“有纵横全国的大小山脉，给我们生长了广大的森林，贮藏了丰富的矿产”[③]。因为疆域辽阔，所以地形齐全，中国不仅有沃野千里的平原，也有层峦叠嶂的山峰，以特有的地貌优势储备了丰富的自然资源，可谓是地大物博。再次，“有很多的江河湖泽，给我们以舟楫和灌溉之利”[④]。中国内陆水系发达，在广阔的陆地上，河流纵横交错，湖泽星罗棋布，既提供了舟楫之利，方便了群众的出行；又提供了灌溉之利，为农业的发展奠定了基础。最后，“有很长的海岸线，给我们以交通海外各民族的方便”[⑤]。中国不仅有陆地之大，也有海洋之远，得享海陆兼备的优势。

①《毛泽东选集》第 2 卷，人民出版社 1991 年版，第 621 页。
②《毛泽东选集》第 2 卷，人民出版社 1991 年版，第 621 页。
③《毛泽东选集》第 2 卷，人民出版社 1991 年版，第 621 页。
④《毛泽东选集》第 2 卷，人民出版社 1991 年版，第 621 页。
⑤《毛泽东选集》第 2 卷，人民出版社 1991 年版，第 621 页。

辽阔的海域带来了丰富的海洋资源，也打通了与沿岸各国往来的渠道，海上交通成为可能。

中国的地理位置是影响中国内部发展、对外交往的重要因素，毛泽东在文中历数了与中国陆地接壤的四邻、隔海相望的国家，“现在中国的国境：在东北、西北和西方的一部，和苏维埃社会主义共和国联盟接壤。正北面，和蒙古人民共和国接壤。西方的一部和西南方，和阿富汗、印度、不丹、尼泊尔接壤。南方，和缅甸、越南接壤。东方，和朝鲜接壤，和日本、菲律宾邻近。”[①]毛泽东进一步从正反两个方面论述了中国地理位置的利弊所在：一方面中国与社会主义国家苏联相邻，边境周围大多是殖民地、半殖民地国家，与欧美主要帝国主义列强相距甚远；另一方面，中日两国是一衣带水的邻邦，中国时刻面临着来自日本的干扰、侵略。毛泽东的阐释蕴含着深刻的辩证思维，强调说明一个国家所处地理环境的优劣并不完全取决于地理学意义上的经纬坐标，也与邻近国家的社会性质、政治环境及其在世界政治格局中的地位等密切相关，体现了其对中国地缘关系的清晰认知、对国际地缘政治的独特见解。

毛泽东从中国辽阔的疆域叙述着手，不仅洋溢着对泱泱大国的由衷景仰，也充满了对潜在危机的理性判断。辽阔的疆域以多种方式造福中华民族，是其繁荣昌盛的根基所在。“从很早的古代起，我们中华民族的祖先就劳动、生息、繁殖在这块广

①《毛泽东选集》第 2 卷，人民出版社 1991 年版，第 621—622 页。

大的土地之上。”[①]中华儿女深爱这片热土，不断开辟生存空间、构筑精神家园，华夏大地屡建奇功，雄踞于世界东方，屹立于民族之林。广阔的国土、丰富的资源让我们引以为傲的同时，也引来了西方列强、周边国家的觊觎。毛泽东从地缘政治的视角出发，对日本之于中国的威胁有准确的判断，这正是20世纪30年代以来中日关系的真实写照，为后文对近代中国的描述埋下了伏笔。

二、多民族的大家庭

中国自古就是大国，在广袤辽阔的土地上，无数中华儿女繁衍生息，人口数量历来位居世界前列，近代以来更为突出。经历了清朝的人口激增，进入20世纪30年代，“我们中国现在拥有四亿五千万人口，差不多占了全世界人口的四分之一。”[②]中国人口众多，来源也较为广泛，从民族构成分析，“十分之九以上为汉人。此外，还有蒙人、回人、藏人、维吾尔人、苗人、彝人、壮人、仲家人、朝鲜人等，共有数十种少数民族……中国是一个由多数民族结合而成的拥有广大人口的国家”[③]，中华民族是名副其实的多民族大家庭。

多民族的和谐共生是我国自古以来就有的文化现象，中国

①《毛泽东选集》第2卷，人民出版社1991年版，第621页。
②《毛泽东选集》第2卷，人民出版社1991年版，第622页。
③《毛泽东选集》第2卷，人民出版社1991年版，第622页。

的光荣历史是全国各族人民共同缔造的，中国的辉煌成就是全国各族人民共同铸就的。尽管各个民族的起源时间、人口规模、发展状况、居住区域等存在客观上的不平衡和差异性，但每个民族都在长期发展过程中逐渐形成了独特的文化传统、沉淀了独有的精神气质，以各自不同的方式为民族团结、社会稳定、国家发展做出了无可替代的贡献，成为中华民族不可分割的一部分。其中，汉族为第一大民族，拥有非常悠久的历史和为数最多的人口，在哲学、文学、军事、艺术、科技等领域均取得了独树一帜的成就，是当之无愧的主体民族。其他民族各有所长、不可或缺，在发展壮大的历程中，自身优势得以展示、民族特色不断彰显；部分少数民族还曾经建立了大一统王朝，如蒙古族建立了元朝、满族建立了清朝，非凡的成就为世人瞩目，在中华民族发展史上具有举足轻重的历史地位。

千百年来，汉族与少数民族之间、各个少数民族之间的确存在频繁的冲突与对抗，甚至出现过杀戮与战争，但相互包容、彼此融合、共同发展始终是民族关系演进的主流方向。儒家倡导“和而不同”的思想观念，这对中国文化产生了极为深远的影响，在民族融合过程当中有显著体现。尽管各个民族有不同的风俗习惯、宗教信仰、文化传承，但勤劳勇敢的各族人民团结一致，并肩开拓辽阔的疆域、创造灿烂的文明，就民族发展的视角而言，厚重的中国历史就是一部多民族诞生、交锋、合作并携手走向繁荣的历史。在往来交互中，共同体意识逐渐萌生，各民族之间经过历史上的几次大融合，形成了多元共存的发展理念，组成了丰富多彩的文化整体。在此过程中，它们既保持了自身的独立性、特殊性，又不相互隔绝、彼此孤立，而是塑造了共同的价值观，最终建构了具有强大生命力、凝聚力、创造力的中华民族大家庭，这是毛泽东在文中着力传达的观念。

尽管各民族之间的多元一体格局是早已存在的事实，“中华民族”这个概念并非一开始就有，而是形成于近代屈辱的历史进程中，其出现不过百余年的时间。1902 年，梁启超在《论中国学术思想变迁之大势》中首次使用“中华民族”这一用语：“上古时代，我中华民族之有海权思想者，厥惟齐。故于其间产出两种观念焉，一曰国家观，二曰世界观。”[1]1905 年，梁启超在《历史上中国民族之观察》中又提出：“现今之中华民族自始本非一族，实由多数民族混合而成。”[2]梁启超以大民族主义的视野阐释“中华民族”，在他看来，“中华民族”并不特指某个民族，而是指称中国境内所有民族经过深度的交流融合凝结而成的族群整体。这一看法得到了时人的接受和赞同，“中华民族”的概念至此开始流传。

“中华民族”一词的提出有深刻的历史根源和时代背景，既是对以往民族关系状况的合理定位，也适应了近代以来中国屡屡遭受外敌欺辱的社会现实，体现了内忧外患的处境下民族整体观念的强化。20 世纪 30 年代，中日民族矛盾空前激化，面对日本帝国主义的肆意进攻，在敌强我弱的不利局势下，中国

① 梁启超：《饮冰室合集》1 文集 1—9，中华书局 1989 年版，第 21 页。
② 梁启超：《饮冰室合集》8 专集 30—45，中华书局 1989 年版，第 4 页。

共产党从基本国情出发，很快确立了抗日民族统一战线的斗争策略，呼吁全民族同仇敌忾，共赴国难。此时，《中国革命和中国共产党》沿用“中华民族”的称谓作为第一章第一节的标题，旨在提升全国各族人民对中华民族的认同感、归属感，打造血脉相连、休戚与共的民族命运共同体，调动抗战的积极性、增强抗战的向心力，从而促成民族发展史上前所未有的大团结，共同维护民族独立、反抗外敌入侵。这部分论证既与马克思主义、中国古代社会的民族互助思想一脉相承，又在一定程度上满足了全面抗战时期联合抵御外侮的当下需要。

三、光辉灿烂的文明

中国的伟大表现为多方面的卓尔不群，不仅地大物博、人口众多，而且历史悠久、底蕴深厚。文中首先运用马克思主义的唯物历史观梳理了中华民族的发展简史，“曾经经过了若干万年的无阶级的原始公社的生活。而从原始公社崩溃，社会生活转入阶级生活那个时代开始，经过奴隶社会、封建社会，直到现在，已有了大约四千年之久”[①]。在毛泽东看来，与世界上其他国家一样，中国古代社会形态的更替遵循着特定的历史规律，即从低级到高级依次经历了原始社会—奴隶社会—封建社会的演进变化。从有文字可考的历史开始计算，中国迄今为止已经

①《毛泽东选集》第 2 卷，人民出版社 1991 年版，第 622 页。

走过了四千年的发展历程，有漫长的历史文化传统，堪称世界文明的发源地。

中华文化源远流长，中国被誉为四大文明古国之一，“在中华民族的开化史上，有素称发达的农业和手工业，有许多伟大的思想家、科学家、发明家、政治家、军事家、文学家和艺术家，有丰富的文化典籍。”[①]中华民族为世界文明的发展做出了卓越的贡献，不仅以发达的农业和手工业著称，养育了亿万儿女，而且孕育了无数伟大的思想巨匠。儒家至圣先师孔子、亚圣孟子，道家的老子、庄子，以及墨家、法家、名家、阴阳家等诸子，共同开创了先秦时代百家争鸣的盛大局面。此后，从贾谊到董仲舒，从郑玄到孔颖达，从朱熹到王阳明，一代又一代学者修身养性、著书立说，共同致力于华夏文明的传承、创新、发展，推动着中国思想界形成波澜壮阔的繁荣景象，为后人留下了丰厚的思想宝藏和丰富的文化典籍。经史子集四部之书汗牛充栋、浩如烟海，形成了“讲仁爱、重民本、守诚信、崇正义、尚和合、求大同”的主流思想观念，塑造着中国人的文化性格，确立了中华民族的核心价值体系，时至今日依然值得我们认真研读，从中不断汲取思想精髓和道德精华。

中国在人类文明发展史上长期独领风骚，文中特别提及了科技领域的骄人成绩，“在很早的时候，中国就有了指南针的发明。还在一千八百年前，已经发明了造纸法。在一千三百年前，

① 《毛泽东选集》第 2 卷，人民出版社 1991 年版，第 622 页。

已经发明了刻版印刷。在八百年前，更发明了活字印刷。火药的应用，也在欧洲人之前。”①四大发明是古代中国文明的象征，有力推动了历史前进的车轮，使文明的创造、传播、交流得以突飞猛进的发展。在奔腾不息的历史长河中，中华民族在思想、文艺、军事、建筑、精神等领域均有颇多建树，在与世界他国的较量中一度遥遥领先、声名远播。除了文中所举示例，仍有众多的文明成果为大家熟识，如：唐诗、宋词、元曲、明清小说等文学瑰宝，故宫、长城、苏州园林、布达拉宫等著名建筑，以及以爱国主义为核心的民族精神，这些都是中华民族世代相传的宝贵财富。

任何文明的创造都历经艰辛，勤劳勇敢的各族人民用辛勤的汗水创造了光辉灿烂的古代文明，艰难困苦塑造了他们的性格、风霜雪雨磨砺了他们的意志。华夏大地英才辈出，周公、管仲、萧何、诸葛亮、王安石、刘基、张居正等人是其中的杰出代表，他们或开基立业，创制法度，为新的时代提供治世良方；或鞠躬尽瘁，死而后已，为国计民生竭尽心力；或锐意革新，扫除积弊，开创朝廷政治生活的全新气象；或屡破强敌，戡乱扶危，奠定国家长治久安的稳固基石。从远古至近代，中华文明从未中断，无数中华儿女前赴后继、上下求索，成就了中国历史的绵延不绝和盛世辉煌的经久不衰，铸就了中国人独特的人文气质和精神面貌，成为民族精神的象征和后世学习的

① 《毛泽东选集》第 2 卷，人民出版社 1991 年版，第 622—623 页。

典范。

近代以来，我国人民饱受欺凌，被蔑称为“东亚病夫”，民族自尊心遭受沉重打击、民族自信心急剧下降。这部分论述为广大读者呈现了中华民族曾经走过的辉煌历程、揭示了中华儿女曾经取得的辉煌业绩，有利于正确认识、客观评价我们的历史，从而打破近代以来部分中国人妄自菲薄、崇洋媚外的心态，在新的历史时期重塑民族自信心、重拾民族自豪感。毛泽东在文中展现出来的古代中国生机勃勃的繁盛图景与近代中国发展停滞不前的残酷现实形成了鲜明对比，巨大的反差无形中给予广大人民群众以极大的鞭策、激励，使他们从历史中汲取前行的智慧、生发无穷的力量，从而树立抗战必胜的坚定信念。

四、优秀的民族精神

几千年风雨兼程，中华民族不仅取得了闻名于世的巨大成就，而且培育了优秀的民族精神，尤其是勇于抗争的革命精神，“以汉族的历史为例，可以证明中国人民是不能忍受黑暗势力的统治的，他们每次都用革命的手段达到推翻和改造这种统治的目的”。[①]面对封建王权的专制统治，在与腐朽势力激烈斗争的过程中，中华儿女不畏强暴、奋起反抗，不惜用热血和生命挺起了不屈的民族脊梁，展现了视死如归的英雄气概，革命的意

①《毛泽东选集》第 2 卷，人民出版社 1991 年版，第 623 页。

识早已扎根于人民的心中、浸入了民族的血脉。

哪里有压迫，哪里就有反抗，农民起义是中国历史上最常见的反抗封建压迫的群体斗争形式，“在汉族的数千年的历史上，有过大小几百次的农民起义，反抗地主和贵族的黑暗统治”[①]。大规模的农民起义可以追溯至秦朝末年，面对秦王朝的残暴统治，大泽乡陈胜、吴广揭竿而起。自此以往，几千年的封建社会出现过几百次大大小小的农民起义，“从秦朝的陈胜、吴广、项羽、刘邦起，中经汉朝的新市、平林、赤眉、铜马和黄巾，隋朝的李密、窦建德，唐朝的王仙芝、黄巢，宋朝的宋江、方腊，元朝的朱元璋，明朝的李自成，直至清朝的太平天国”[②]，彰显了不甘屈辱的民族本性和自强不息的民族精神。每一次起义的发生都代表着底层民众对反动统治的强烈不满，暗藏着改变现状的极度渴求。尽管农民起义的出发点源于对自身利益的维护，且大多以失败告终，但客观上的确给封建统治者以沉重的打击，在一定程度上推动了朝代的更迭和历史的进步，农民阶级也在此过程中逐渐形成了富于反抗的精神和不断革命的传统。

中华民族的革命精神还体现在与其他民族的交往中。“中华民族的各族人民都反对外来民族的压迫，都要用反抗的手段解除这种压迫。他们赞成平等的联合，而不赞成互相压迫。”[③]中国各族人民历来爱好和平，崇尚和睦相处、反对穷兵黩武，在对

①《毛泽东选集》第 2 卷，人民出版社 1991 年版，第 623 页。
②《毛泽东选集》第 2 卷，人民出版社 1991 年版，第 625 页。
③《毛泽东选集》第 2 卷，人民出版社 1991 年版，第 623 页。

外交往中表现了宽广的胸怀和宏阔的视野，但这并不等同于妥协退让、任人宰割。《汉书》有云：“明犯强汉者，虽远必诛”，历史上汉族曾经无数次遭受外来民族的入侵，炎黄子孙毫无例外予以坚决回击，如：卫青、霍去病驱逐匈奴，岳飞、韩世忠抗击女真，文天祥抗击蒙古，戚继光抗击倭寇，郑成功驱赶荷兰殖民者，这些民族英雄为江山的稳固、百姓的安宁做出了积极的贡献，在中国历史上留下了流光溢彩的一笔。

《中国革命和中国共产党》一文对革命传统的论述闪耀着马克思主义的思想光辉。首先，体现了马克思主义的群众观。马克思主义认为，人民群众是推动历史前进的主体力量。中国共产党不断汲取马克思主义群众观的理论精髓，坚持一切为了群众、一切依靠群众，将广大人民群众视为抵御外敌的中坚力量，采取一切有利方式发动群众，团结群众，凝聚群众。文中指出：“而多数朝代的更换，都是由于农民起义的力量才能得到成功的”[①]，强调指出了农民在阶级斗争中的贡献，十分重视农民在社会发展中的作用，与后文毛泽东对农民阶级的分析与定位相呼应。其次，贯穿了马克思主义的革命观。马克思主义认为，革命是以暴力方式打破旧的枷锁，建立新的世界。文中对中国人民“用革命的手段达到推翻和改造这种统治的目的”[②]持肯定态度，高度赞扬了历史上民族英雄、革命领袖抗争到底的革命气魄，这

①《毛泽东选集》第 2 卷，人民出版社 1991 年版，第 623 页。
②《毛泽东选集》第 2 卷，人民出版社 1991 年版，第 623 页。

与马克思主义的革命观十分契合。文中对革命的阐释具有强烈的现实针对性，有助于在全面抗战的特殊历史背景下激励广大人民群众更好地延续反抗传统，弘扬民族气节，以大无畏的革命精神投身抗战的历史洪流。

第三章　中国封建社会延续了三千年

《中国革命和中国共产党》一文不仅以宏大叙事再现了中华民族的光辉历程，形成了历史研究的厚重感、整体感，而且以辩证思维考察了封建社会的发展状况，揭示了历史演进的多样性、复杂性。文中指出："中国虽然是一个伟大的民族国家，虽然是一个地广人众、历史悠久而又富于革命传统和优秀遗产的国家；可是，中国自从脱离奴隶制度进到封建制度以后，其经济、政治、文化的发展，就长期地陷在发展迟缓的状态中。"[①]在前文描绘中华民族盛世辉煌的基础上，这部分论述笔锋一转，以批判的眼光着重剖析了封建社会的局限性。

在古代汉语中，"封建"一词最早见于《诗经》《左传》，本意为"封国土、建诸侯"，代表着君主和臣属之间的分封关系，是一种在西周时期就已经相对成熟的政治经济制度。不仅中国的其他朝代曾经效仿，欧洲同样在很长的历史时期内采取了分邦建国的做法。19 世纪中叶，马克思依据生产力与生产关系的矛盾，将人类社会划分为由低到高依次更替的五种形态：原始

① 《毛泽东选集》第 2 卷，人民出版社 1991 年版，第 623 页。

社会、奴隶社会、封建社会、资本主义社会、共产主义社会。在马克思主义语境下，“封建”的内涵大为扩展，成为广义上的多义项概念，不仅指代特定历史阶段出现的社会管理制度，也指称历史发展过程中经历的过渡社会形态。

中国是否存在马克思主义所谓的封建社会，如果存在，它起源于何时、又有什么特征？此类问题至关重要，与中国古代史研究领域的诸多重大理论问题密切相关，影响着对中国社会发展阶段的科学定位、准确阐释。这些问题也颇有争议，长期以来史学界基于不同的理论视角展开深度的学术探讨，涌现了许多学术成果，可谓见仁见智。[①]《中国革命和中国共产党》以马克思主义唯物史观为理论基石，深刻考察了中国古代社会的发展历程，明确提出中国自脱离奴隶制度便进入了封建制度，“这个封建制度，自周秦以来一直延续了三千年左右”[②]。这是毛泽东首次就封建社会有关问题阐明自己的立场和观点，不仅肯定了古代中国封建社会的存在，而且将起始时间设定为“周秦”，并进一步分析了中国封建社会的本质特征、主要矛盾，揭示了其发展迟缓的根本原因，具有重要的理论价值和现实意义。

---

① 理论观点上的分歧表现在诸多方面。例如，关于中国封建社会的时间起点，历史学家郭沫若、范文澜、陶希圣等都曾经发表自己的见解，出现了战国封建论、西周封建论、魏晋封建论等多种观点。

②《毛泽东选集》第 2 卷，人民出版社 1991 年版，第 623 页。

一、封建社会的经济制度和政治制度

经济制度和政治制度在整个社会制度体系中具有根本性意义，对社会的发展演变起着决定性作用，既是我们理解社会形态的着力点，也是我们认识古代中国的切入点。马克思主义经典作家曾对封建社会的经济结构、政权形式有过深入探讨，提出“自然经济占统治地位”“农民对地主的人身依附”[①]等论断，为中国共产党对此问题的研究奠定了良好基础、提供了有益借鉴。毛泽东等人在继承前人理论观点的基础上，结合中国封建社会的特殊国情，从不同的角度详细解读了封建社会的制度特征，这主要体现为以下四个方面。

（1）自给自足的自然经济占主要地位。中国幅员辽阔，广袤的土地是中华儿女赖以生存的命脉所系，是中华民族绵延不绝的根基所在。封建社会历朝历代无一不高度重视土地的分配和农业的发展，以农为本、以商为末的思想根深蒂固，自给自足的自然经济成为封建社会的主要经济支柱。所谓“自给自足”，是指通过自我供应实现自我满足的一种经济形态。中国地大物博，肥沃的土地、丰饶的资源、齐备的物产使得长时间的自给自足成为可能，“农民不但生产自己需要的农产品，而且生产自己需要的大部分手工业品。”[②]所谓“自然经济”，是相对于商品经济

①《列宁全集》第 3 卷，人民出版社 2013 年第 2 版增订版，第 161 页。

②《毛泽东选集》第 2 卷，人民出版社 1991 年版，第 623 页。

而言。农业生产、手工业生产以满足自身需要为首位，不以交换为目的。自给自足便无须外求，因此，封建社会的工商业一度受到抑制，发展相对滞缓。在漫长的封建时期，小农个体经营和家庭手工业生产的相互结合是自然经济的主要特征，“倚床看妇织，登垅课儿锄”的场景是自然经济的生动写照，农业为主、手工业为辅的经济形式在中国延续了几千年，成为封建社会的经济主体。

自然经济并不是封建社会唯一的经济形态。中国封建社会历经西周、先秦直至明、清数代，不同历史时期的经济结构在总体稳定的情况下呈现阶段性差异。在封建社会早期，以农业为基础的自然经济相对强大。伴随着生产力水平的提高，商品经济得到发展，成为自然经济的有力补充，这在明清两代尤为突出。根据史料记载，明清时期私营手工业领域出现了资本主义萌芽，雇佣与被雇佣的生产关系已经建立。尽管新的生产模式在一定程度上打破了早期以家庭为单位的农耕传统，推动了经济的发展和社会的进步，但由于受到重农抑商观念的影响，商品经济在自然经济的排挤下缓慢成长，“那时虽有交换的发展，但是在整个经济中不起决定的作用。”[①]自然经济的主体地位十分稳固，在封建社会的经济结构中长期发挥着主导作用。

（2）封建统治者占有最大部分的土地。生产资料所有制是支撑社会经济制度的核心要素。在漫长的封建时期，由于农业

①《毛泽东选集》第 2 卷，人民出版社 1991 年版，第 624 页。

在经济社会发展中的特殊作用，土地一直以来就是最基本、最重要的生产资料，也是财富和权势的象征。封建社会的生产资料所有制即为土地所有制，它构成了封建社会生产关系的基础，决定着各个阶级的生产地位和生活处境。中国封建社会的生产资料占有状况如何？土地归谁所有、为谁支配？毛泽东在文中做出了明确回答：“封建的统治阶级——地主、贵族和皇帝，拥有最大部分的土地，而农民则很少土地，或者完全没有土地。”[1]封建社会的土地所有制形式可以分为两类：统治阶级所有制和农民所有制。无论是地主、贵族、皇帝占有土地或者是农民占有土地，本质上均属于私人所有制，与生产资料归全体劳动人民共同拥有的全民所有制截然相反。这两类所有制形式虽然同时存在，但前者对土地的占有程度远远高于后者，地主阶级通过各种手段聚集大量土地的现象十分突出。

土地是农民的衣食之源，大多数农民完全不占有生产资料或者仅掌握少数生产资料，只能将自己的劳动成果作为交换，通过租赁土地、缴纳地租等方式维系生计：“农民用自己的工具去耕种地主、贵族和皇室的土地”[2]，农民阶级与地主阶级之间形成了实质上的人身依附关系，文中一针见血地指出：“这种农民，实际上还是农奴。”[3]广大底层民众刚刚挣脱奴隶社会的桎梏，转瞬又跌入封建社会的苦海。他们看似摆脱了剥削制度的

①《毛泽东选集》第 2 卷，人民出版社 1991 年版，第 624 页。
②《毛泽东选集》第 2 卷，人民出版社 1991 年版，第 624 页。
③《毛泽东选集》第 2 卷，人民出版社 1991 年版，第 624 页。

束缚，表面上是人身自由的独立个体，实则在土地私有制的枷锁下再次丧失了基本的生存保障，被迫沦为生活在封建社会的新式奴隶。

（3）农民阶级遭受层层盘剥。封建社会的农民阶级在很少占有甚至完全不占有生产资料的情况下，与地主阶级建立租赁、雇佣等关系以求生存，这种做法虽为无奈之举，似乎也有合理之处。如果农民的个人收支比例在一定的限度之内，农民与地主之间的矛盾则会有所缓和，并不必然会削弱封建统治的阶级基础，封建制度的根基不会轻易动摇。然而，从实际情况分析，二者之间远未达至理想的平衡状态，农民阶级辛勤劳动的果实大部分拱手让人，不但要忍受统治阶级的压榨，“地主、贵族和皇室依靠剥削农民的地租过活”[①]，还要以一己之力维持国家机器的运转，“地主阶级的国家又强迫农民缴纳贡税，并强迫农民从事无偿的劳役，去养活一大群的国家官吏和主要地是为了镇压农民之用的军队”[②]，农民阶级的负担明显过重。

封建社会土地私有制的出现为统治阶级对农民阶级的经济剥削提供了便利，广大农民遭受着层层盘剥。首先，农民需要缴纳地租。土地是封建统治者最大的资本，他们不断囤积土地，以之为依托对农民大肆剥削，正如文中所说：农民“将收获的四成、五成、六成、七成甚至八成以上，奉献给地主、贵族和

①《毛泽东选集》第2卷，人民出版社1991年版，第624页。
②《毛泽东选集》第2卷，人民出版社1991年版，第624页。

皇室享用”[①]，被压榨程度可见一斑。其次，农民必须缴纳各种苛捐杂税。贡税或许微薄，在勉强承受的限度之内，然而“私派倍于官征，杂项浮于正额”，名目繁多的私征私派远超官方规定，剥肤及髓，特别是在暴政、战乱、天灾等特殊情况下，农民的收支比例更为悬殊。最后，农民还要忍受劳役之苦，无偿为国家提供劳力，繁重、繁多的劳役给农业发展、农民自身都造成了很大的伤害。凡此种种，耕田输纳之民艰难实甚，辛劳所得转眼被吞噬殆尽，唯有艰难度日，着实苦不堪言。

（4）封建国家是维护封建剥削制度的权力机关。马克思主义的国家观是准确理解国家起源、本质、职能等一系列问题的钥匙。马克思主义经典作家认为，国家并不是从来就有的，也不会一直存在，它伴随着私有制、分工的出现而诞生，也必将伴随着阶级的消灭而消亡，“是社会在一定发展阶段上的产物”[②]，“是从控制阶级对立的需要中产生的”[③]；国家本质上是阶级统治的工具，“国家是一个阶级压迫另一个阶级的机器，是迫使一切从属的阶级服从于一个阶级的机器”[④]。这些论断蕴含着丰富的思想内涵，毛泽东等人以此为理论起点，坚守马克思主义唯物史观，对中国封建制国家的性质、特征等进行了深刻解读。

---

①《毛泽东选集》第 2 卷，人民出版社 1991 年版，第 624 页。
②《马克思恩格斯选集》第 4 卷，人民出版社 2012 年版，第 186 页。
③《马克思恩格斯选集》第 4 卷，人民出版社 2012 年版，第 188 页。
④《列宁选集》第 4 卷，人民出版社 2012 年版，第 33 页。

封建国家是社会内部阶级分化、矛盾激化的产物，生产资料的私有制直接导致了统治阶级与农民阶级之间难以调和的矛盾，统治阶级为了保障自身利益的最大化和封建统治的长久性，建立了能够体现自身意志的政治组织——国家，形成了等级森严、庞大臃肿的官僚体系，借以实现对土地的占有、对农民的压迫。中国封建社会亦不例外，“保护这种封建剥削制度的权力机关，是地主阶级的封建国家”①。封建国家建立在土地私有制的经济基础之上而又与之相适应，是维护地主阶级利益和私有财产的权力机关。中国的封建国家很早就出现了，“自秦始皇统一中国以后，就建立了专制主义的中央集权的封建国家”②。军队、监狱、政府机构等也在不断完善，“皇帝有至高无上的权力，在各地方分设官职以掌兵、刑、钱、谷等事，并依靠地主绅士作为全部封建统治的基础”③。此后，无论朝代如何更迭、君王如何更换，封建国家坚定地站在统治阶级的立场上，始终代表着皇帝、贵族、地主的利益需要，不仅对农民进行经济上的掠夺，而且实行政治上的压迫，甚至动用国家机器镇压手无寸铁的百姓，以此延续经济剥削、巩固专制统治，对中国经济社会和人民生活造成了严重影响。

①《毛泽东选集》第 2 卷，人民出版社 1991 年版，第 624 页。
②《毛泽东选集》第 2 卷，人民出版社 1991 年版，第 624 页。
③《毛泽东选集》第 2 卷，人民出版社 1991 年版，第 624 页。

二、封建社会的主要矛盾

社会基本矛盾理论是马克思主义经典作家分析人类社会发展历程、揭示人类社会发展方向的重要理论视角。马克思、恩格斯基于对历史和现实的考察，阐明了社会矛盾运动的规律，提出生产力和生产关系、经济基础和上层建筑之间的矛盾是社会的基本矛盾。这两对矛盾普遍存在，贯穿于所有社会形态之中，是推动社会发展的根本动力。由于不同社会之间的生产力发展水平、经济结构等不尽相同，基本矛盾在不同的历史时期具化为社会的主要矛盾，表现为个别的、特殊的矛盾形态，体现了矛盾运动的阶段性。

矛盾是社会发展的重要推动力量，毛泽东对矛盾问题十分关注，并进行了认真研究。1937 年发表的《矛盾论》为毛泽东思想的形成奠定了哲学方法论基础，文中不仅系统阐释了矛盾的对立统一规律，而且提及了资本主义社会、半殖民地半封建社会的主要矛盾，是对马克思主义社会矛盾理论的运用和丰富。《中国革命和中国共产党》以此为基础，进一步对中国封建社会的主要矛盾进行了透彻分析，有助于我们深入了解封建社会的基本状况、明确封建社会的革命任务、把握封建社会的发展趋势。

（1）封建社会的土地私有制是引发社会矛盾的根源所在。

在封建社会，越来越多的土地集中到地主阶级手中，与此相适应，越来越多的农民失去了休养生息的根本，“富者田连阡陌，贫者无立锥之地”，“有田者什一，为人佃作者什九”，二者之间形成了鲜明的对比。土地兼并带来了严重的后果：地主阶级不直接经营土地，而将其转租给农民；农民离开土地无法生存，只能依附于地主。以土地为中介，地主阶级不仅实现了对农民阶级的经济剥削，而且实现了对农民阶级的人身控制，“地主对农民有随意打骂甚至处死之权，农民是没有任何政治权利的。”[①]只要封建社会的土地私有制一直存在，这种状况就无法得到彻底改变。地主阶级与农民阶级之间无论是通过榨取地租、雇佣佃户还是其他方式建立联系，二者剥削与被剥削的关系实质在整个封建时期从未改变，他们之间的矛盾始终存在。

（2）地主阶级和农民阶级之间的矛盾是封建社会的主要矛盾。在封建社会内部，富者愈富、贫者愈贫，地主阶级和农民阶级之间的矛盾上升为社会的主要矛盾：“封建社会的主要矛盾，是农民阶级和地主阶级的矛盾。”[②]一方面，地主阶级不劳而获、衣食无忧，不断啃噬农民的劳动所得；另一方面，广大农民不得不长期忍受耕稼之苦、赋税之重、劳役之勤，疲于奔命却穷困潦倒，用自己的点滴汗水汇集着地主的万贯家财。尽管“只有农民和手工业工人是创造财富和创造文化的基本的阶

①《毛泽东选集》第 2 卷，人民出版社 1991 年版，第 624 页。
②《毛泽东选集》第 2 卷，人民出版社 1991 年版，第 625 页。

级”[①]，但他们却无法逃脱封建制度的桎梏。正如文中所说：“中国历代的农民，就在这种封建的经济剥削和封建的政治压迫之下，过着贫穷困苦的奴隶式的生活。”[②]统治阶级的残暴不仁和农民阶级的悲惨处境得到了社会的普遍关注，大量悯农诗、民谣以社会现实为创作题材，表达了对统治阶级的强烈憤恨和对农民阶级的深切同情，“可怜身上衣正单，心忧炭贱愿天寒”“四海无闲田，农夫犹饿死”“遍身罗绮者，不是养蚕人”等等不胜枚举，淋漓尽致地揭露了封建社会的剥削本质。总之，封建社会土地占有的失衡状态引发了严重的社会不公，社会主要矛盾的激化必然导致农民的反抗和起义的爆发。

三、封建社会的长期性

中国封建社会历时三千年左右。在中国历史上，大约有一半的时间处于封建社会。除此之外，中国还经历了原始社会、奴隶社会、半殖民地半封建社会、社会主义社会等其他形态，迄今为止还没有哪种社会形态比封建社会更为漫长；在世界历史上，不同国家封建社会的起止时间存在差异。与其他地区相比，中国封建社会历时最为久远。例如，西欧封建社会大致开端于 476 年西罗马帝国灭亡，直至 1640 年英国资产阶级革命爆发，虽有 1000 多年的历史，仍然远低于中国。可以说，中国封

①《毛泽东选集》第 2 卷，人民出版社 1991 年版，第 625 页。
②《毛泽东选集》第 2 卷，人民出版社 1991 年版，第 624 页。

建社会的存续时间之长在人类社会发展史上绝无仅有。

（1）农民起义曾经产生了积极的影响，沉重打击了封建统治。中国的封建统治固然十分漫长，但并非始终稳固如一，农民起义多次将封建王朝置于岌岌可危的边缘，“在中国封建社会里，只有这种农民的阶级斗争、农民的起义和农民的战争，才是历史发展的真正动力”[①]。土地私有制将封建社会内部划分为剥削阶级和生产阶级两大对立群体。农民无以为生，对封建统治者充满了憎恶和仇恨，二者之间存在着激烈的利益冲突和剧烈的阶级矛盾。农民阶级迫切需要改变自身处境，甚至不惜诉诸暴力冲突，封建社会农民起义频仍，累计有数百次之多，“中国历史上的农民起义和农民战争的规模之大，是世界历史上所仅见的”[②]，不仅展现了农民阶级勇敢无畏的革命精神，也说明了中国封建社会经济剥削之深重、政治压迫之沉重举世罕见。就实际效果而言，农民起义的确产生了积极的作用，“因为每一次较大的农民起义和农民战争的结果，都打击了当时的封建统治，因而也就多少推动了社会生产力的发展”[③]。发生在封建朝代末期的农民起义更是产生了深远的影响。这一时期大多是封建统治最为黑暗的时期，也是阶级矛盾最为尖锐的时候，农民起义在一定程度上削弱了统治阶级的力量，甚至摧毁了腐朽的封建王朝、结束了社会的动荡局面，使社会生产力在新的环境

①《毛泽东选集》第 2 卷，人民出版社 1991 年版，第 625 页。
②《毛泽东选集》第 2 卷，人民出版社 1991 年版，第 625 页。
③《毛泽东选集》第 2 卷，人民出版社 1991 年版，第 625 页。

中继续发展。

（2）农民起义未能触动封建统治的根基，封建社会长期存在。农民起义为推翻封建统治创造了条件，提供了契机，但不能从根本上撼动封建统治的根基。毛泽东站立在马克思主义理论的高度剖析了原因所在："由于当时还没有新的生产力和新的生产关系，没有新的阶级力量，没有先进的政党，因而这种农民起义和农民战争得不到如同现在所有的无产阶级和共产党的正确领导"[①]。马克思指出："无论哪一个社会形态，在它所能容纳的全部生产力发挥出来以前，是决不会灭亡的；而新的更高的生产关系，在它的物质存在条件在旧社会的胎胞里成熟以前，是决不会出现的。"[②]一般来说，社会形态的更替需要一定的条件，社会内部必须首先萌生新的生产力和生产关系，然后才有社会变革的产生，封建社会替代奴隶社会、奴隶社会替代原始社会出于同样的原因，封建社会的灭亡亦不例外。反观农民起义自身，它并不属于旧的生产关系无法适应新的生产方式引起的变革，而是社会内部不同阶级之间矛盾的外在对抗形式，这种对抗或许可以推翻君主的统治、实现王朝的更迭，但旧的经济基础尚未瓦解，只是在原有基础上的改头换面，这正是封建社会长期存在的根本原因。农民起义的结局证实了这一点，尽管许多农民起义取得了一定的胜利，但由于农民阶级自身（包括农民领袖）具有历史局限性，又缺乏先进组织的引领，没

①《毛泽东选集》第 2 卷，人民出版社 1991 年版，第 625 页。
②《马克思恩格斯选集》第 2 卷，人民出版社 2012 年版，第 3 页。

有形成坚强的领导核心，所以往往被贵族和地主利用，成为改朝换代的工具。农民阶级流血牺牲换来的革命成果被窃取，其处境虽然暂时好转，但很快便陷入了新一轮的生活循环之中。旧的王朝覆灭，新的王朝旋即兴起，封建社会长期存在，剥削性质始终如一，这种状况直到近代以来才有了彻底的改观。

第四章　半殖民地半封建社会的形成

中国封建社会延续至 19 世纪中叶，清廷国力日渐式微，西方列强接踵而来，腐朽没落的封建王朝最终难以抗衡兴盛发达的资本主义强国。百年沧桑，几经磨难，中国社会发生了巨大变化，由独立的封建社会演变为半殖民地半封建社会。《中国革命和中国共产党》一文深刻分析了外国资本主义入侵后中国封建社会的解体过程，全面阐释了近代以来中国社会的性质、矛盾、特征，有利于准确定位革命的对象、任务、动力、性质、前途等基本问题，从而有针对性地制定符合中国国情的革命路线、方针、政策。

一、封建社会的解体

19 世纪 30—40 年代，在世界发展史上和对中国而言都具有特殊重要的意义。这一时期英国率先完成了工业革命，成为世界经济强国，人类社会从农耕文明时代正式步入工业文明时代；1840 年在中国人的记忆里刻骨铭心，这一年中英之间爆发了第一次鸦片战争，中国从封建社会开始沦为半殖民地半封建社会，被动地开启了近代化历程。伴随着外国侵略势力的深入，中国被迫卷入了世界资本主义市场，国内资本主义在经济生活中所占比重与日俱增，对中国主体经济形态的影响越来越明显，文中指出："外国资本主义对于中国的社会经济起了很大的分解作用"[①]，在其冲击之下，曾经稳如磐石的自然经济逐渐走向解体，封建制度摇摇欲坠，封建社会分崩离析。

（1）西方列强大量输出商品，中国农村地区手工行业深受其害，农耕与生产日趋分离。西方列强以战争为手段打开中国的大门，强迫中国开放通商口岸，从沿海到内地，从东南到东北，中国对外开放的程度不断加深，俨然成为西方国家的海外市场。先进技术的优势、批量生产的便利使得外来商品颇具竞争力，本土手工行业深受其害，棉纺织业首当其冲。1845 年 4 月 23 日，敬穆在给道光帝的奏折中描述了洋布、洋棉输入后纺织业面临的困顿局面："其质既美，其价复廉，民间之买洋布洋棉者，十室而九。由是江浙之棉布，不复畅销，商人多不贩运；而闽产之土布土棉，遂亦因之壅滞不能出口。"[②]西方资本主义国家依靠侵略特权在中国倾销商品、掠夺原料，传统手工行业损失惨重，农村劳动力纷纷转移。越来越多的农民脱离了对土地的依赖，放弃了日出而作、日落而息的农耕模式，加入到企业工人的行列，农耕与生产日趋分离。先进的机器工业取代了

① 《毛泽东选集》第 2 卷，人民出版社 1991 年版，第 626 页。

② 彭泽益编：《中国近代手工业史资料 1840—1949》第 1 卷，中华书局 1962 年版，第 494 页。

落后的手工生产，工厂的集体作业取代了家庭的手工劳动，封建社会男耕女织的生活状态被打破，旧有的生产关系更加松散，封建制度赖以存在的经济基础不断瓦解。长期以来占据主导地位的自然经济受到严重冲击，封建社会走向解体。

（2）中国民族资本主义有所发展，社会商品化程度提高，推动了自然经济的解体。西方列强的资本输出和商品输出既有助于瓦解封建社会的经济基础，又给资本主义生产的发展造成了某些客观的条件和可能，“因为自然经济的破坏，给资本主义造成了商品的市场，而大量农民和手工业者的破产，又给资本主义造成了劳动力的市场”①。这不仅为外来资本主义的发展奠定了前提，也为民族资本主义的发展提供了机遇。在内外双重刺激之下，清政府采取一些有力举措振兴国民经济，社会上重农抑商的观念有所转变，民族资本主义在艰难中曲折发展，“还在十九世纪的下半期，还在六十年前，就开始有一部分商人、地主和官僚投资于新式工业。到了同世纪末年和二十世纪初年，到了四十年前，中国民族资本主义便开始了初步的发展。到了二十年前，即第一次帝国主义世界大战的时期，由于欧美帝国主义国家忙于战争，暂时放松了对于中国的压迫，中国的民族工业，主要是纺织业和面粉业，又得到了进一步的发展”②。伴随着资本主义经济的兴起，城乡商品经济得到前所未有的发展，社会商品化程度大大提高。即便在广大农村地区，群众的商品

①《毛泽东选集》第 2 卷，人民出版社 1991 年版，第 626—627 页。
②《毛泽东选集》第 2 卷，人民出版社 1991 年版，第 627 页。

意识得以强化，农副产品不再主要用于满足生产主体的消费需要，而开始转向以商品交换为目的。例如：“由于丝、茶等农产品的大量出口，一些地区的农民放弃粮食生产转而种桑植茶，与商品市场的联系日益密切。”[①]农产品、手工业品不断涌入市场，在商品流通、经营中的比重加大，实现了从自我导向到市场导向的转化，进一步加速了自然经济的解体。

近代以来，外国资本主义的入侵和本国民族资本主义的发展共同造就了封建社会内部的特殊变化。其中，外国资本主义的入侵是封建社会解体的根源所在，民族资本主义的发展也与其息息相关，“一方面，破坏了中国自给自足的自然经济的基础，破坏了城市的手工业和农民的家庭手工业；又一方面，则促进了中国城乡商品经济的发展”[②]，二者相互作用、彼此交织，从不同的角度合力推动着封建社会的解体。需要明确的是，封建社会的解体是个相对的概念，也经历了长期的过程。鸦片战争之后，传统经济形态遭遇致命一击，封建社会的解体速度大大加快，但并未完全瓦解，尤其是在广大农村地区，自然经济不同程度地存在，甚至在某些地区依旧占据主导地位，直至1956年社会主义改造完成，这种状况才终结。因此，近代以来，中国的经济形态既没有保留封建社会自然经济的原貌，也未能演变成资本主义社会的商品经济，而是呈现出半封建社会的特征。

---

① 李侃、李时岳、李德征等：《中国近代史》，中华书局2004年版，第35页。
②《毛泽东选集》第2卷，人民出版社1991年版，第626页。

二、半殖民地半封建社会的主要矛盾

社会矛盾具有普遍性，半殖民地半封建社会存在着各种各样的矛盾，近代以来中国的革命运动，正是在各种矛盾的基础之上发生和发展起来的。在半殖民地半封建社会，由于社会环境、斗争形势的特殊变化，社会主要矛盾与封建时期相比显著不同，“帝国主义和中华民族的矛盾，封建主义和人民大众的矛盾，这些就是近代中国社会的主要的矛盾”①。当然，社会上还存在着其他矛盾，如资产阶级和无产阶级的矛盾，反动统治阶级内部的矛盾，在所有矛盾中，帝国主义和中华民族的矛盾是最主要的矛盾。

（1）帝国主义和中华民族的矛盾。19 世纪末 20 世纪初，西方主要资本主义国家进入帝国主义阶段，开始在全球范围内疯狂扩张、大肆掠夺，意欲将其他国家变为殖民地。此时，帝国主义将贪婪的目光投向地大物博的中国，采用一切可能的手段压迫中国，中国殖民地、半殖民地程度不断加深，毛泽东对此从十个方面作了细致梳理，这可以从四个角度加以理解。

首先，军事侵略。帝国主义频频挑起事端，侵华战争接连不断，如 1840 年的第一次鸦片战争，1856 年的第二次鸦片战

①《毛泽东选集》第 2 卷，人民出版社 1991 年版，第 631 页。

争，1883 年的中法战争，1894 年的中日战争，1900 年的八国联军战争。中国被迫签订了无数个丧权辱国的不平等条约，西方列强借机攫取侵略特权，划分势力范围，榨取巨额财富等。例如：1842 年《南京条约》规定清政府赔偿白银 2100 万两；1858 年《天津条约》为 400 万两；1860 年《北京条约》为 800 万两；1895 年《马关条约》为 2 亿两；1901 年《辛丑条约》数额高达 4.5 亿两，本息共计约 9.82 亿两，庞大的数字让人触目惊心。战争给中国人民带来了深重灾难，给中国社会带来了沉重负担，中国的领土不再完整，主权逐渐丧失，为此遭受的损失难以估量。

其次，政治控制。帝国主义入侵不仅使中国面临战争威胁，而且使中国政府处于帝国主义的政治控制之中。在半殖民地半封建社会，帝国主义国家并不直接统治中国，而是着力收买、扶持可以推行其意志、维护其利益的代理人。封建帝王、地主阶级虽然在形式上仍然是社会的统治阶级，实质上已经沦为帝国主义控制中国的工具。中外反动势力相互勾结的事件时有发生，这在镇压太平天国运动中有鲜明体现。帝国主义还充分利用不平等条约赋予的特权，干涉中国内政，操纵中国外交，导致中国政府无法自由表达意愿、行使职权，反而处处受到西方列强的掣肘，在一定程度上失去了独立自主的决断权。

再次，经济掠夺。西方列强通过多种渠道展开经济掠夺，中国逐渐被卷入世界资本主义的旋涡。如，帝国主义控制通商口岸、海关和对外贸易，在中国大量倾销商品；投资经营企业，抢占原料和廉价劳动力，打压民族工业；向清政府贷款、开办银行，垄断金融财政，控制中国经济命脉；造成买办的和商业高利贷的剥削网，剥削广大中国农民。资本主义国家迅速敛集了大量财富，为实现资本主义全球范围内的扩张夯实了基础；造成了中国财政危机的急剧加重，统治阶级的剥削比以往更甚，百姓生活在水深火热之中。

最后，文化渗透。“帝国主义列强在所有上述这些办法之外，对于麻醉中国人民的精神的一个方面，也不放松，这就是它们的文化侵略政策。”[①]西方资本主义国家十分注重在中国制造社会舆论、渗透奴化思想，通过传教、办医院、办学校、办报纸和吸引留学生等方式宣扬对其有利的价值观念，不断蛊惑人心、培植汉奸势力，在潜移默化中改变广大人民群众的精神面貌、摧毁中华儿女的民族自信，“其目的，在于造就服从它们的知识干部和愚弄广大的中国人民”[②]，使其逐渐接受帝国主义侵略的合理性，放弃反抗斗争，以此巩固帝国主义在华侵略特权、维护既得利益。

帝国主义的侵略行径给中国带来了方方面面的巨大影响，文中为我们详尽地呈现了帝国主义“把一个封建的中国变为一个半封建、半殖民地和殖民地的中国的血迹斑斑的图画”[③]。中

①《毛泽东选集》第 2 卷，人民出版社 1991 年版，第 629—630 页。
②《毛泽东选集》第 2 卷，人民出版社 1991 年版，第 630 页。
③《毛泽东选集》第 2 卷，人民出版社 1991 年版，第 630 页。

国人民顽强抗争，中华民族和帝国主义的矛盾日益尖锐、不断激化，逐渐取代地主阶级和农民阶级之间的矛盾而上升为近代以来中国社会最主要的矛盾。

（2）封建主义和人民大众的矛盾。1840年以来，伴随着近代化历程，封建社会日趋没落但尚未完全崩塌，封建专制统治仍在延续，封建剥削制度仍在维系，土地私有制广泛存在，地主阶级和农民阶级之间的对立、斗争不仅没有消失，在有些情况下还十分突出。由于国外侵略势力对社会生活的全面渗透，近代中国的社会性质较之以前大为不同，社会主要矛盾的内涵和外延必然随之发生变化。地主阶级和农民阶级之间的矛盾只是半殖民地半封建社会主要矛盾的一个侧面，不能全面反映社会内部矛盾运动的整体状况。对于近代以来的社会主要矛盾，文中提出了新的表述，将之概括为“封建主义和人民大众的矛盾”①。

地主阶级和农民阶级之间的矛盾是封建社会的主要矛盾，封建主义和人民大众之间的矛盾是近代社会的主要矛盾，二者相互关联，又不完全等同，新的表述不仅清楚地认识到了封建主义在当前社会继续发挥影响的事实，而且准确揭示了不同历史背景下社会矛盾发生的重大变化。如前所述，鸦片战争以后，中国闭关锁国的局面被迫改变，对外开放的程度越来越深。西方列强在中国开办洋行、投资企业，民族工商业得到了一定程

①《毛泽东选集》第2卷，人民出版社1991年版，第631页。

度的发展，中国的经济结构发生了很大变化，除了传统的自然经济之外，外国资本主义、民族资本主义成分逐渐增多，与后来出现的官僚资本主义经济同时并存，社会经济成分相对多元。与此同时，国内的阶级关系更加复杂。农民阶级、地主阶级之外，资产阶级、无产阶级作为新生力量逐步壮大，文中指出："中国民族资本主义发生和发展的过程，就是中国资产阶级和无产阶级发生和发展的过程。如果一部分的商人、地主和官僚是中国资产阶级的前身，那末，一部分的农民和手工业工人就是中国无产阶级的前身了。中国的资产阶级和无产阶级，作为两个特殊的社会阶级来看，它们是新产生的，它们是中国历史上没有过的阶级。它们从封建社会脱胎而来，构成了新的社会阶级。它们是两个互相关联又互相对立的阶级，它们是中国旧社会（封建社会）产出的双生子。"①几大阶级之间既相互依赖，又彼此对立，社会内部的各种争斗相互交织、此消彼长，地主阶级和农民阶级之间的矛盾显然无法涵盖近代以来社会矛盾运动的多变性，因此文中重新加以界定，在客观分析世情、国情变化的基础上适时提出了新的主张，既看到了帝国主义和中华民族之间的矛盾，又对封建社会内部主要矛盾的内涵进行了科学分析，更好地突出了近代以来半殖民地半封建社会的时代特征。

①《毛泽东选集》第 2 卷，人民出版社 1991 年版，第 627 页。

三、半殖民地半封建社会的性质与特点

鸦片战争之后，民族矛盾日益凸显，封建社会逐步解体，中国进入到特殊的发展阶段、形成了特殊的社会形态。正确认识这一时期中国社会的性质和特点不仅有助于梳理历史演进的动态过程，而且有助于厘清中国革命的基本问题，毛泽东在运用马克思主义基本原理和吸纳国内学术观点的基础上，进一步分析了近代以来中国社会的性质及半殖民地半封建社会的特点。

（1）近代以来中国社会的性质。近代以来中国社会的性质究竟是什么？时人的看法见仁见智。20 世纪 30 年代，以此为焦点引发了社会性质大论战，各方围绕着“亚细亚生产方式”“资本主义社会”“封建主义与商业及资本结合”“半封建半殖民地社会”等核心概念展开激烈的学术探讨，推动了学界对这一问题的深入研究。在此基础上，《中国革命和中国共产党》对百年来中国社会的性质进行了科学定位：“中国过去三千年来的社会是封建社会，前面已经说明了。那末，中国现在的社会是否还是完全的封建社会呢？不是，中国已经变化了。自从一八四〇年的鸦片战争以后，中国一步一步地变成了一个半殖民地半封建的社会。自从一九三一年九一八事变日本帝国主义武装侵略中国以后，中国又变成了一个殖民地、半殖民地和半封建的

社会。”[1]1840 年是封建社会和半殖民地半封建社会的分界点，由于帝国主义列强的入侵，中国社会的发展开始偏离原始社会、奴隶社会、封建社会、资本主义社会的前进方向，打破了循序渐进的发展模式，走上了不同于别国的艰难道路，此时的中国既不是独立的封建国家，也不是完全附属于资本主义国家的殖民地，更不是资本主义国家，而是呈现出殖民地、半殖民地、半封建社会的特征。

“半殖民地”“半封建”是马克思、恩格斯曾经使用的概念，列宁对此有过理论阐释，中国共产党人将这两个词语合并使用，指称 1840 年以来中国所经历的非比寻常的社会形态。“半封建”社会是相对于封建社会而言的。近代以来中国封建社会之所以出现如此变故，帝国主义入侵是根本原因：“帝国主义列强侵略中国，在一方面促使中国封建社会解体，促使中国发生了资本主义因素，把一个封建社会变成了一个半封建的社会”[2]。在多个西方资本主义国家的联合干预下，这一时期中国虽然保有独立的国家形式，旧的生产关系仍然存在，社会基本制度还在发挥作用，封建社会的主要特征还有显现，但国内的资本主义因素显著增长，封建统治的根基开始动摇。此时的中国不再是完全意义上的封建社会，但又没有彻底走出封建社会，这种独特的社会形态被称之为半封建社会。

“半殖民地”“殖民地”是相对于独立的主权国家而言的。

①《毛泽东选集》第 2 卷，人民出版社 1991 年版，第 626 页。
②《毛泽东选集》第 2 卷，人民出版社 1991 年版，第 630 页。

鸦片战争之后，中国签订了近代史上第一个不平等条约——《南京条约》，被迫割地赔款。清政府的软弱妥协助长了侵略者的嚣张气焰、刺激了侵略者的贪婪欲望，此后百年，帝国主义国家纷至沓来，在中国掀起了瓜分利益的狂潮，中国虽然在形式上依然是主权国家，实际上统治权限、经济结构、思想文化等均受到帝国主义国家的牵绊，丧失了部分独立性、自主性，在一定程度上成为附属国。20 世纪 30 年代以来，中国遭受日本的践踏和欺辱，山河破碎、生灵涂炭，大片国土沦陷在日军的铁蹄之下，敌占区甚至沦为了完全的殖民地社会，“从一九三一年‘九一八’以后，日本帝国主义的大举进攻，更使已经变成半殖民地的中国的一大块土地沦为日本的殖民地”①。直至 1949 年中华人民共和国成立，这种非典型的社会形态才最终结束。

近代以来关于中国社会性质问题的争论久悬未决，中国共产党人依据马克思主义基本原理条分缕析、鞭辟入里。《中国革命和中国共产党》一文采用“殖民地”“半殖民地”“半封建”三个概念的组合确切精当地描述了近代以来的中国社会形态，完全符合当时中国社会的实际状况，不仅为准确界定中国社会的性质做出了突出贡献，也拨开了长久以来萦绕在人们心中的思想迷雾。

（2）半殖民地半封建社会的特点。近代以来中国社会的性质是半殖民地半封建社会，它不是独立的社会形态。“半”是相

① 《毛泽东选集》第 2 卷，人民出版社 1991 年版，第 630 页。

对于完整而言的，它并非地理概念上的领土缩减，而是用以说明近代以来社会形态的演进状态；也并非数字意义上的对半或者二分之一，而是虚拟描述社会性质的变化程度。两个“半”字表明中国社会不是处于某种完整意义上的单一社会形态，而是两种不同的社会形态在同一历史时期的杂糅，兼有封建社会、殖民地社会的特点，包括六个方面：

第一，自给自足的自然经济基础被破坏了，但地主阶级对农民的剥削连同买办资本、高利贷资本的剥削还在持续加强。

第二，民族资本主义有了一些发展，但没有成为社会经济的主要形式，而且在一定程度上依附于帝国主义和国内封建主义。

第三，封建政权被推翻了，但专制统治并未结束，军阀官僚、地主阶级和大资产阶级联盟、日本帝国主义及其傀儡取而代之。

第四，帝国主义势力十分强大，操纵着中国的财政和经济的命脉、中国的政治和军事的力量，日本帝国主义在沦陷区独揽一切大权。

第五，受制于多个帝国主义国家的直接或间接统治，中国长期无法统一。由于地域宽广，经济、政治和文化的发展极端不平衡。

第六，在帝国主义和封建主义的双重压迫下，特别是日本帝国主义的大举进攻，中国人民的贫困和不自由的程度，举世罕见。

中国近代特殊社会形态的形成主要源于两方面的因素：“决

定这种情况的，主要地是日本帝国主义和其他帝国主义的势力，是外国帝国主义和国内封建主义相结合的结果。”[①]在二者的共同作用下中华民族走过了一段不平常的坎坷历程，形成了与历史上以往任何时期、其他任何社会都不相同的特点，半殖民地半封建社会的独特性决定了中国人民面临的革命对象、承担的革命任务与其他社会有明显差异。

四、帝国主义的侵略有功吗？

1840 年，英国以坚船利炮打破了清朝闭关锁国的局面，改写了中国历史发展的轨迹。帝国主义的侵略究竟给中国带来了什么，它是推动社会进步的加速器，还是造成一切灾难的总根源？孰是孰非本应一目了然，近年来别有用心者却罔顾中华民族备受欺凌的历史事实、无视中国人民内心深处的情感创伤，试图为帝国主义侵略唱赞歌，认为帝国主义的入侵为中国近代化的到来提供了难得的历史良机，促使中国提前结束了黑暗腐朽的封建统治，进入到更为高级的全新发展阶段，从而将帝国主义塑造为中华民族的“救世主”“解放者”。此类言论以偏概全、混淆视听，不仅刻意抹杀了帝国主义的侵略本质，而且着力消解了近代以来中国人民反帝反封建的伟大革命运动，造成了十分恶劣的社会影响。《中国革命和中国共产党》实事求是地

① 《毛泽东选集》第 2 卷，人民出版社 1991 年版，第 631 页。

分析了帝国主义入侵带来的种种后果，为我们审慎地评价其功过是非提供了指南。

（1）中国资本主义的发展与帝国主义的入侵没有必然联系。帝国主义的入侵确实加速了封建社会的解体，为国内资本主义的发展提供了一定的可能性、准备了某些条件，在某种意义上体现了一定的进步性。然而，中国资本主义的发展是合力作用的结果，不完全是帝国主义的入侵所致。文中指出："中国封建社会内的商品经济的发展，已经孕育着资本主义的萌芽，如果没有外国资本主义的影响，中国也将缓慢地发展到资本主义社会。"[①]与欧洲国家相比，中国资本主义萌芽出现的时间并不晚，明清时期个别地区呈现蓬勃发展的良好态势，如明中叶的丝织业中明显存在着"机户出资、机工出力"以剥削雇佣劳动的制度。[②]虽然受制于时代的局限、制度的束缚，资产阶级没能作为一个独立的阶级出现，资本主义发展滞后、力量微弱，短时间内无法撼动自然经济的统治地位，但并非停顿不前。一般而言，封建社会的解体、资本主义社会的形成必然经历循序更替的过程，假以时日，没有外力的助推资本主义萌芽也会在封建社会的母体中成长成熟，并逐渐过渡到资本主义社会，来自帝国主义的刺激只是缩短了这一过程，将其时间提前。因此，近代以来中国资本主义的发展也是封建社会内部生产力自

①《毛泽东选集》第 2 卷，人民出版社 1991 年版，第 626 页。

② 参见吴慧主编：《中国商业通史》第 3 卷，中国财政经济出版社 2005 年版，第 604 页。

然发展的结果。清朝末年，与西方国家相比，虽然中国在许多方面已经落后，但不能因封建社会当前的弊端而全盘否定早期的辉煌成就，用愚昧落后、一无是处描述当时中国社会状况不仅与事实相背离，也是在为帝国主义侵略中国制造借口、开脱罪责。

（2）帝国主义侵略的根本目的是将中国变为殖民地、半殖民地国家。帝国主义的侵略在客观上的确促进了资本主义的某些发展，但这绝非本意，“帝国主义列强侵入中国的目的，决不是要把封建的中国变成资本主义的中国。帝国主义列强的目的和这相反，它们是要把中国变成它们的半殖民地和殖民地”①。就动机而言，帝国主义意图将中国变为贫穷落后的殖民地、半殖民地国家而非繁荣富强的资本主义国家，在中国发展资本主义只是谋取暴利的手段而非目的本身，在此过程中西方列强所得利益远在中国之上。进一步而言，由于帝国主义的入侵骤然打乱了中国历史发展的本来进程，民族资本主义不得不以非正常方式提前脱胎于母体，这表面上是社会形态的进步，实际上为后续发展埋下了隐患。由于先天不足，中国民族资本主义的发展始终处于畸形状态，既无法与强大的外国资本主义相抗衡，又不能逃脱反动封建势力的阻碍，逐渐丧失了发展的独立性、形成了很强的依附性。中国只能长期停留在被统治、被奴役的状态，不可能顺利走向资本主义社会，这与帝国主义侵略的初衷不谋而合。毛泽东在后来的《新民主主义论》中揭示了帝国

①《毛泽东选集》第 2 卷，人民出版社 1991 年版，第 628 页。

主义的险恶用心："帝国主义侵略中国，反对中国独立，反对中国发展资本主义的历史，就是中国的近代史。"[①]这说明中国共产党人对帝国主义的逐利本质、贪婪本性有清醒的认知，对民族资本主义的发展处境、现状有深刻的洞察，为我们全面了解帝国主义的本质提供了依据。

（3）帝国主义的侵略给中华民族、中国人民带来了深重灾难和巨大伤害。帝国主义侵略中国带来了两方面的影响，在促使封建社会解体的同时，"它们又残酷地统治了中国，把一个独立的中国变成了一个半殖民地和殖民地的中国"[②]。无意的好处有限，有意的伤害更甚。帝国主义在中国实行殖民政策，通过军事、政治、经济、文化等多种手段将独立的中国推向殖民地、半殖民地的深渊，这绝非强大的西方国家帮扶弱小的东方国家，纯粹是为了满足一己之私，其残暴行径丝毫没有体现和谐共生的精神，反而处处彰显了贪婪自私的本性。疯狂的践踏蹂躏和无休止的鲸吞蚕食给中国民族、中国人民造成了毁灭性打击，带来了难以消弭的伤痛。鸦片战争以来百余年的中国近代史就是一部赤裸裸的屈辱史，中华民族饱经磨难，历经坎坷；社会动荡不安，危机四伏；百姓备受摧残，困苦不堪。昔日的东方文明古国处于风雨飘摇之中，积贫积弱，以血泪铺就了西方列强的殖民扩张之路。帝国主义的侵略纵然一定程度上有助于中国资本主义的发展，充当了"历史的不自觉的工具"，但这根本

① 《毛泽东选集》第 2 卷，人民出版社 1991 年版，第 679 页。
② 《毛泽东选集》第 2 卷，人民出版社 1991 年版，第 630 页。

不能与中华民族承受的“苦难和屈辱”、中国人民遭受的“流血和污秽”相匹敌，其破坏性远大于建设性。

帝国主义发动的侵略战争属于非正义性质的战争，给中国人民带来了巨大的损失和无尽的痛苦，理应受到世界人民的严厉谴责。如果把这种以牺牲他国为代价谋取自身利益的行为定义为有功，不仅有悖中国的主流价值观念，也是对国际秩序的公然挑衅。因此，我们应当尊重历史事实，理性分析利弊，看清帝国主义的真面目。只有彻底推翻帝国主义，才能真正走上富国强民的道路，实现中华民族的伟大复兴。

第五章　近代以来中国人民反帝反封建的革命运动

《中国革命和中国共产党》全文大体遵循着由封建社会到近代社会的时间主线、由外来侵略到人民反抗的叙事逻辑。第一章《中国社会》总体介绍了中华民族、封建社会的有关情况，在此基础上作者紧扣文章主旨，适时将文章的关键词由中国社会调整为中国革命，将论述的重点由背景性铺陈转入主题性建构，以近代以来中国人民反帝反封建的革命运动作为探讨的起点。1840 年以来，西方列强接踵而至，封建统治变本加厉，二者相互勾结、彼此利用，不仅左右着中国的近代化历程，也造就了此起彼伏的革命运动。在生死存亡的危急时刻，中华民族义无反顾地走上了反抗道路，在旷日持久的侵略与反侵略、压迫与反压迫、剥削与反剥削斗争中，中国人民英勇不屈、顽强拼搏，唱响了救亡图存的时代赞歌。本节内容是第二章《中国革命》的开篇部分，具有承上启下的作用，旨在聚焦近代以来反帝反封建的革命运动，进一步明确中国共产党所处的时代环境、肩负的历史重任。

一、中国人民反抗帝国主义及其走狗的斗争精神

中国人民一直崇尚睦邻友好、主张和谐相处，对和平的热爱和追求根植于文化传统中，沉淀在民族基因里。然而，中华民族坚守和平的信念未能阻挡帝国主义入侵的脚步。1840年的鸦片战争是古代中国和近代社会的划分界限，将中国人民从沉寂的田园生活拉回到残酷的现实世界，中华民族与西方列强至此水火不容，二者之间的斗争从未停歇。

（1）反抗帝国主义及其走狗的革命斗争是贯穿中国近代史的主旋律。中国近代史不仅是一部帝国主义残酷侵略史，也是一部中国人民英勇斗争史，“帝国主义和中国封建主义相结合，把中国变为半殖民地和殖民地的过程，也就是中国人民反抗帝国主义及其走狗的过程。”①多难兴邦，帝国主义的肆意践踏唤起了中华民族的觉醒。面对西方列强的蹂躏，中华儿女奋起抗争，将对帝国主义满腔的愤恨化作激烈的行动，古老的东方大国掀起了轰轰烈烈的革命运动。在长达百年的中国近代历史中，中国人民遭遇了无数次侵略战争，每一次都毫不例外地给予坚决回击，“从鸦片战争、太平天国运动、中法战争、中日战争、戊戌变法、义和团运动、辛亥革命、五四运动、五卅运动、北伐战争、土地革命战争，直至现在的抗日战争，都表现了中国

① 《毛泽东选集》第2卷，人民出版社1991年版，第632页。

人民不甘屈服于帝国主义及其走狗的顽强的反抗精神”[①]，在中国近代革命史上写下了浓墨重彩的一笔。

反帝反封建的革命运动不局限于一时一地，不局限于某一阶层某一个人。农民阶级率先起义，洪秀全领导的太平天国运动于 1851 年爆发，历时长达十四年之久，横扫十几个省份，沉重打击了封建王朝，在一定程度上抵御了外侮。晚清时期的地主阶级痛定思痛、发愤图强，提出“师夷长技以制夷”的口号，主张学习西方的先进技术以实现富国强兵的目的，试图通过带有自救性质的洋务运动力挽狂澜。穷则思变，困则谋通，地主阶级失败之后，资产阶级改良派开始了新的尝试，1898 年发起维新变法运动，倡导在政治上借鉴西方君主立宪制、在经济上发展资本主义，意欲为衰败的封建王朝注入新的发展活力，以此遏制西方列强的侵略野心。戊戌政变之后，资产阶级革命派一跃而起，1911 年的辛亥革命以暴力方式推翻了清朝的腐朽统治，废除了在中国存在几千年的君主专制，建立了中华民国。1919 年的五四运动代表着中国工人阶级以独立的姿态登上了历史舞台，作为新生的力量，他们在中国共产党的带领下，高举爱国主义大旗，与敌人展开正面交锋，五四运动、五卅运动、北伐战争、土地革命战争、抗日战争等重大斗争中都有工人阶级勇往直前的身影。全国范围内，上至高级将领、下至普通民众，以不同的方式纷纷对抗帝国主义及其走狗，如火如荼的革

①《毛泽东选集》第 2 卷，人民出版社 1991 年版，第 632 页。

命斗争成为贯穿中国近代史的主旋律。

（2）近代中国人民反帝反封建的革命斗争取得了伟大成就。中国近代史不仅布满了侵略者的斑斑劣迹，也写就了反抗者的丰功伟绩。中华民族的屈辱经历激发了广大人民群众深藏于心的爱国之情、报国之志，无论是革命还是改良，是武装反抗还是政治革新，薪火相传的斗争精神在近代特殊的历史环境下得到了更为充分的显现。这一时期，各个阶层涌现了一大批英雄人物，他们在外来侵略势力和本国黑暗统治面前毫不妥协、顽强抗争，谱写了可歌可泣的革命史诗，彰显了宁死不屈的民族气节，留下了宝贵的精神财富。

中国人民反帝反封建的革命斗争是推动社会发展的根本动力，也是帝国主义灭亡中国的最大阻力，“中国人民，百年以来，不屈不挠、再接再厉的英勇斗争，使得帝国主义至今不能灭亡中国，也永远不能灭亡中国”[①]。近代以来，中华民族历经沉沦，甚至一度处于灭亡的边缘，在内忧外患的双重制约下，反帝反封建的革命斗争还没有取得彻底的胜利，但中国人民始终奋力抗争在民族崛起的道路上，以坚贞不屈的革命品格和坚持不懈的革命斗争打破了帝国主义快速灭亡中国的企图，中国虽屡遭重创但又不致沦为完全的殖民地社会，如果没有广大人民群众持续不断的反抗运动，中国必将在黑暗中度过更长时间。

20 世纪 30 年代，日本帝国主义的铁蹄踏入中国，东北三

①《毛泽东选集》第 2 卷，人民出版社 1991 年版，第 632 页。

省迅速沦陷，中华民族再次面临严峻考验。中国人民开启了艰苦卓绝的抗战历程，在硝烟炮火中艰难前行，敌强我弱的反差不时瓦解着人们的革命意志，惨重的伤亡不断消磨着部队的战斗热情，如何弘扬革命传统、凝聚抗战力量是摆在我们党面前的紧迫任务。《中国革命和中国共产党》一文充分肯定了近代以来中国人民反帝反封建的斗争精神及其伟大成就，具有强烈的现实针对性和鲜明的历史时代感，有利于提升广大群众的抗战信心、提振前线官兵的革命士气，激励社会各个阶级在抗日民族统一战线的旗帜下共同投身抗战的滚滚洪流。

二、“革命”是可以被取消或消灭的吗?

在古代汉语中，“革命”一词最早见于《周易》:“汤武革命，顺乎天而应乎人”，意为改变前朝天命、推翻前朝统治。从其内涵而言，“革命”出现之初即代表着政治权力的重构、社会秩序的重建。在马克思主义者那里，“革命”是频繁使用的核心概念，被视作实现社会领域重大变革的有效方式。列宁指出：“资产阶级国家由无产阶级国家（无产阶级专政）代替，不能通过‘自行消亡’，根据一般规律，只能通过暴力革命。”[①]马克思主义视域下的“革命”与中国古代语境中的“革命”有异曲同工之妙，二者都蕴含着伟大的斗争精神。近代以来，为了对抗帝国主义的

①《列宁选集》第 3 卷，人民版出版 2012 年版，第 127 页。

侵略和本国封建主义的压迫，中国人民被迫走上了反帝反封建的革命道路，马克思主义的革命理论在古老的东方大国、在半殖民地半封建社会得到具体运用，在漫长的斗争实践中，尽管前行的道路至为艰辛，革命不仅不能被取消或消灭，反而需要不断推向新的发展阶段。

（1）革命具有彻底性，是反帝反封建的唯一途径。近代以来，为了解决中国的出路问题，一批又一批仁人志士殚精竭虑、苦心孤诣，努力追寻救国救民的真理，尝试推行各种所谓的治世之方，均没有取得预期效果。甲午中日战争北洋水师全军覆灭，洋务派标榜的“自强”“求富”目标未能实现；戊戌政变宣告了百日维新的破产，“戊戌六君子”为此付出了生命的代价。无论是地主阶级的自强运动，还是资产阶级的变法运动，都力求通过稳步有序的内部改革推动社会的发展，这两类方案性质温和，既不会引发社会的动荡不安，也可以有效缓和尖锐的社会矛盾，但却无法触动封建社会的根基，无法抗衡强大的侵略势力，结果无一例外以失败告终。近代以来的斗争实践告诉我们，改良主义在中国行不通，要想完成反帝反封建的历史使命，必须从根本上进行变革，推翻旧有的反动统治，建立全新的社会形态，革命便成为有识之士的理性选择。

中国人民对革命的认知经历了从否定到肯定的过程。革命不等同于改良，它对现存社会制度具有较强的冲击力和颠覆性，历来为统治阶级所忌惮。为了巩固封建专制，当权者往往采取高压政策，着力营造恐怖氛围，形成舆论压力，给革命行动以否定性评价，给革命人士以毁灭性打击。这在人民群众当中产生了很大的负面影响。因而，在传统观念里，革命具有浓厚的造反意味，革命者理应成为镇压的对象。封建社会末期，清政府软弱无能、不堪一击，统治的权威性、合法性受到质疑，在社会需要的驱动下，人们的思想有所改观，开始以积极的态度重新审视革命，逐渐认识到革命是反帝反封建的唯一途径，革命一词的情感色彩随之发生很大变化，革命的正向作用得到承认，成为推动社会变革的决定力量。鉴于革命在中国近代化进程中的特殊意义，如果革命被取消或消灭，反帝反封建的艰巨任务必定无法完成。

（2）革命具有长期性，革命的胜利不会一蹴而就。革命非一朝一夕之功，发生在半殖民地半封建社会的革命更是如此，特殊的国情决定了中国革命的敌人不是某个单一的群体，而是多种势力的联合，帝国主义、封建主义以及大资产阶级相互勾结，共同站在了人民的对立面，“中国革命的敌人不但有强大的帝国主义，而且有强大的封建势力，而且在一定时期内还有勾结帝国主义和封建势力以与人民为敌的资产阶级的反动派”。[①] 中国革命的敌人十分强大，以日本全面侵华为例，日军不仅武器精良，装备优越，拥有雄厚的物质基础，整体实力数倍于我；而且手段残忍，行为卑劣，所到之处烧杀抢掠，无所不用其极。相比之下，长期以来中国极度贫弱，内部矛盾突出，外部侵略

①《毛泽东选集》第 2 卷，人民出版社 1991 年版，第 634 页。

不断；社会危机日益加剧，人民群众负重前行，敌我双方力量悬殊。中国革命的长期性、残酷性特征特别突出。文中指出："因为我们的敌人是异常强大的，革命力量就非在长期间内不能聚积和锻炼成为一个足以最后地战胜敌人的力量。因为敌人对于中国革命的镇压是异常残酷的，革命力量就非磨练和发挥自己的顽强性，不能坚持自己的阵地和夺取敌人的阵地。因此，那种以为中国革命力量瞬间就可以组成，中国革命斗争顷刻就可以胜利的观点，是不正确的。"[①]敌我双方差距悬殊，革命行动经常受到反革命势力的残酷镇压，革命态势在短时间内得不到显著好转，革命的胜利不会一蹴而就。因此，广大人民群众必须纠正急于求成的心理、树立长期革命的心态，在革命进程中着重积蓄力量、磨练意志，进而战胜强大的敌人。

（3）革命具有反复性，革命的长远目标尚未实现。综观近百年来的革命历程，尽管人民群众的反抗运动取得了阶段性成就，如义和团运动抗击八国联军的英勇斗争赢得了短暂性胜利；辛亥革命更是推翻了封建王朝的专制统治。但站在反帝反封建的高度来看，民族独立、人民解放的长远目标尚未实现，革命正在持续进行中，"中国人民的民族革命斗争，从一八四〇年的鸦片战争算起，已经有了整整一百年的历史了；从一九一一年的辛亥革命算起，也有了三十年的历史了。这个革命的过程，现在还未完结，革命的任务还没有显著的成就，还要求全国人

①《毛泽东选集》第 2 卷，人民出版社 1991 年版，第 634 页。

民，首先是中国共产党，担负起坚决奋斗的责任”。[1]从中国社会的现实情况分析，帝国主义的侵略、封建主义的压迫根深蒂固，任人宰割的局面亟待扭转，孤立无援的处境尚需改变。中国共产党作为革命的倡导者、践行者责无旁贷、任重道远，唯有带领全国各族人民以坚定的革命信念和顽强的革命意志乘风破浪，朝着革命的宏伟蓝图一步步迈进，才能实现近代以来中华民族的奋斗目标，重塑泱泱大国的自信，重现华夏文明的风采。在革命目标尚未完成之前，革命只能加强，不能弱化；只能坚持到底，不能半途而废。

《中国革命和中国共产党》对中国革命的必要性、正当性的强调有深刻的现实依据。20 世纪 30 年代，日本帝国主义竭其全力大举进攻中国，无数热血儿女誓死卫国。然而，在反革命势力的威逼利诱之下，源于对敌人的恐惧、对利益的追逐等，少数人贪生怕死、卖国求荣，不惜背离民族大义、放弃革命斗争，甘做汉奸、特务、卖国贼，沦为反动势力的走狗，“在抗日战争中，大地主大资产阶级的一部分，以汪精卫为代表，已经叛变，已经变成汉奸”。[2]《中国革命和中国共产党》在分析革命客观状况的基础上，告诫广大群众要对漫漫征程中的重重困难有充分的心理预期和足够的思想准备，号召将革命进行到底，“不到驱逐日本帝国主义出中国，使中国得到完全的解放，这个

①《毛泽东选集》第 2 卷，人民出版社 1991 年版，第 632 页。
②《毛泽东选集》第 2 卷，人民出版社 1991 年版，第 634 页。

奋战是决不会停止的”。[1]此类论述与毛泽东同时期其他文章中的观点一脉相承，有助于稳定抗战情绪，坚定抗战决心，为夺取抗日战争的伟大胜利奠定思想根基，提供精神动力。

三、武装的革命反对武装的反革命

马克思主义者将暴力革命视为社会主义取代资本主义的有效路径，马克思、恩格斯在《共产党宣言》中提出：“共产党人不屑于隐瞒自己的观点和意图。他们公开宣布：他们的目的只有用暴力推翻全部现存的社会制度才能达到。”[2]无产阶级的暴力革命理论是马克思主义学说的重要组成部分，也是指导中国革命斗争的思想武器。半殖民地半封建社会的特点决定了中国革命必须以长期的武装斗争为主要形式。正如斯大林所言：“在中国，是武装的革命反对武装的反革命，这是中国革命的特点和优点之一。”[3]

（1）中国人民没有合法斗争的渠道，被迫走上武装革命的道路。在革命过程中，暴力冲突常常贯穿其中，成为革命的题中应有之义。武装革命意味着流血牺牲，需要人民群众付出惨痛的代价才能赢得革命的胜利。鉴于革命的当下危害及其潜在影响，中国人民并非主动走上革命的道路，而是在缺少合法斗争渠道的情况下不得已而为之，毛泽东生动地将这一情形称为

①《毛泽东选集》第2卷，人民出版社1991年版，第632页。
②《马克思恩格斯选集》第1卷，人民出版社2012年版，第435页。
③《斯大林选集》上卷，人民出版社1979年版，第487页。

“逼上梁山”。众所周知，中国封建社会的专制传统由来已久，统治阶级大权在握、独断专行，甚至凌驾于法律之上，一言堂的家长制作风盛行不衰，广大百姓作为被统治、被奴役的对象，毫无民主权利可言。在半殖民地半封建社会，这种情况不仅没有得到任何改善，反而继续恶化，帝国主义、封建主义、反动资产阶级等相互勾结，手无寸铁的平民百姓更加不可能享有合法斗争的权利，“在这样的敌人面前，中国革命的主要方法，中国革命的主要形式，不能是和平的，而必须是武装的，也就决定了。因为我们的敌人不给中国人民以和平活动的可能，中国人民没有任何的政治上的自由权利”。[①]近代以来，中国外部没有民族独立，受帝国主义压迫；内部没有民主制度，受封建主义压迫，人民群众无法通过议会之类的机构、游行之类的活动维护正当权益、反映合理诉求，既然和平的道路走不通，坐以待毙或者暴力反抗，二者非此即彼，武装革命便成为必然的选择。

（2）武装的革命反对武装的反革命是近代斗争实践的经验总结。在领导广大人民群众开展反帝反封建的斗争中，在与各种势力的反复较量中，中国共产党深刻地认识到，以武装的革命反对武装的反革命才是革命的唯一出路。在中国近代史上，西方列强先后入侵，军阀混战连绵不绝，中华大地处于战火纷扰之中。帝国主义、封建主义凭借手中的武装势力巩固专制统治、谋求自身利益，人民群众的反抗行动遭遇无情的镇压。如

①《毛泽东选集》第 2 卷，人民出版社 1991 年版，第 634—635 页。

果革命的一方不及时组建自己的军队，不牢固掌握独立的武装力量，根本无法与反革命势力相匹敌，长此以往，国将不国。尽管“笔杆子”对革命助益颇多，但“枪杆子”才是革命成功的根本保障，没有“枪杆子”作为强大后盾，“笔杆子”的威力势必减弱。中国共产党成立之初曾经多次组织领导罢工、游行、示威等活动，无数共产党员、人民群众付出了生命的代价。这些工农运动固然取得了一定的成效，但并未与敌方形成有力的对抗，未对敌人构成真正的威胁。“二七”惨案、五卅血案、大革命失败等警醒了共产党人，在血淋淋的事实面前，中国共产党对中国革命的特点、革命斗争的形势有了更为清醒的认知，摒弃了轻视军队工作的错误观念，坚定了实行武装斗争的决心。在 1927 年召开的“八七”会议上，毛泽东总结了中国革命的客观规律，提出了“枪杆子里面出政权”的革命真理。我们党经过艰辛曲折的探索终于找到了革命的法宝，从此中国革命走上了武装斗争的道路，从中国共产党诞生到新中国成立的 28 年间，党绝大部分时间都是在领导武装斗争中度过的。

（3）武装的革命反对武装的反革命，“必须把落后的农村造成先进的巩固的根据地”①。如何以武装的革命反对武装的反革命，各国的国情不同，选择的道路亦不同。由于受到国际共产主义运动和俄国十月革命的影响，以城市为中心开展武装斗争，先推翻反动政权再解放农村，被视为普遍的革命规律。客观而

①《毛泽东选集》第 2 卷，人民出版社 1991 年版，第 635 页。

论，中国的情况大为不同。由于敌我双方力量悬殊，在城市发动武装进攻无异于以卵击石。接二连三的失败给共产党以深刻的教训，促使其逐渐意识到，中国的武装革命无法率先在大城市进行，必须另辟蹊径。由于中国地域宽广，各地经济发展又不平衡，共产党领导农民开展土地斗争便具有了首先胜利的条件，占领敌人统治力量薄弱的广大农村地区、建立先进的农村根据地成为挽救中国革命的唯一正确选择，“因为强大的帝国主义及其在中国的反动同盟军，总是长期地占据着中国的中心城市，如果革命的队伍不愿意和帝国主义及其走狗妥协，而要坚持地奋斗下去，如果革命的队伍要准备积蓄和锻炼自己的力量，并避免在力量不够的时候和强大的敌人作决定胜负的战斗，那就必须把落后的农村造成先进的巩固的根据地，造成军事上、政治上、经济上、文化上的伟大的革命阵地，借以反对利用城市进攻农村区域的凶恶敌人，借以在长期战斗中逐步地争取革命的全部胜利”[①]。在实践探索的基础上，以毛泽东为代表的中国共产党人独树一帜，创造性地开辟了农村包围城市、武装夺取政权的革命道路，提出了武装斗争、土地革命、根据地建设“三位一体”的思想，这与西方国家采用的城市解放农村的模式截然相反而又殊途同归。正确的理论很快在中国大地上焕发出勃勃生机，中国共产党相继开辟了众多的农村革命根据地，以此为战略基地建立红色政权，发动农民游击战争，走出了一条

①《毛泽东选集》第 2 卷，人民出版社 1991 年版，第 635 页。

与众不同的革命道路，树立了马克思主义中国化的成功范例。

（4）武装的革命是中国革命的主要形式，但不是唯一形式。武装斗争是中国革命通往胜利的必由之路，是中国革命的主要形式，但不是唯一形式。一方面，武装革命是较为极端的斗争方式，往往需要付出巨大的代价，并非在任何时候、任何领域都普遍适用。相反，许多情况下武力并不是解决问题的最佳方案，不能带来斗争效果的最大化，适当地开展非武装斗争十分必要。另一方面，中国革命面临的形势纷繁复杂，必须以多样化的方式适应革命的动态变化、满足革命的即时需要。因此，中国革命总体上既要牢牢坚持武装斗争为主的原则，又不能轻易放弃其他形式的斗争，从实际情况分析，除了敌我之间的军事对抗之外，还存在着政治斗争、经济斗争、思想斗争、文化斗争等诸多形式。就武装斗争和非武装斗争的关系而言，毛泽东十分重视二者的配合关系，即非武装斗争必须围绕着武装斗争展开，武装斗争同样离不开非武装斗争的有力支持，“没有武装斗争以外的各种形式的斗争相配合，武装斗争就不能取得胜利”①。武装斗争与非武装斗争具有革命目标上的一致性和革命过程中的互补性，彼此依赖、相互促进，既反映了革命斗争的整体性，又体现了革命斗争的针对性，共同推动着中国革命不断向前发展。

①《毛泽东选集》第2卷，人民出版社1991年版，第636页。

第六章　近代中国革命的对象和任务

革命对象决定革命任务，二者同属于中国革命必须首先厘清的根本问题。在半殖民地半封建社会，帝国主义侵略者、封建军阀及地主阶级、买办阶级、大资产阶级、中产阶级、小资产阶级、半无产阶级、无产阶级等力量长期并存，他们的生活环境、经济地位、政治立场、利益诉求等各不相同。如何透过错综复杂的阶级关系，在深刻把握阶级特点的基础之上，准确定位革命对象和任务，有的放矢地开展革命斗争，是中国革命迈向成功的第一步。毛泽东在《中国社会各阶级的分析》中提出了革命的敌友问题，"谁是我们的敌人？谁是我们的朋友？这个问题是革命的首要问题。中国过去一切革命斗争成效甚少，其基本原因就是因为不能团结真正的朋友，以攻击真正的敌人。革命党是群众的向导，在革命中未有革命党领错了路而革命不失败的。"①这是中国革命实际情况的真实反映，在数十年的奋斗历程中，由于革命主体缺乏对革命对象的准确认知，不能有效发动可能的力量以对付真正的敌人，导致革命常常陷于盲目被动的局面，在很长时间内没有取得根本胜利。因此，中国革命的对

---

①《毛泽东选集》第 1 卷，人民出版社 1991 年版，第 3 页。

象是什么的问题是中国共产党人亟待解决的重大现实问题。

中国共产党不仅对敌友问题的重要性有清晰认知，而且着重分析了革命对象的具体所指。《中国革命和中国共产党》一文延续了毛泽东以往的逻辑思路、理论观点，将中国的国情、社会的性质视为确立革命对象的基本依据，在第二节《中国革命的对象》部分首先指出了二者之间的内在关联："只有认清中国社会的性质，才能认清中国革命的对象、中国革命的任务、中国革命的动力、中国革命的性质、中国革命的前途和转变"[①]，"认清中国社会的性质，就是说，认清中国的国情，乃是认清一切革命问题的基本的根据"[②]。并在前文第一章第三节分析殖民地、半殖民地、半封建社会性质的基础上进一步提出了中国革命的两大主要对象。中国现阶段革命的主要对象或主要敌人究竟是谁呢？"不是别的，就是帝国主义和封建主义，就是帝国主义国家的资产阶级和本国的地主阶级。因为，在现阶段的中国社会中，压迫和阻止中国社会向前发展的主要的东西，不是别的，正是它们二者。"[③]毛泽东将帝国主义、封建主义作为中国革命的主要对象，这既是中国共产党人对近代革命实践的经验总结，也是中国共产党人对近代革命理论的独特贡献，为中国革命设定了目标、指引了方向，增强了革命的针对性、提升了革命的有效性。

①《毛泽东选集》第 2 卷，人民出版社 1991 年版，第 633 页。
②《毛泽东选集》第 2 卷，人民出版社 1991 年版，第 633 页。
③《毛泽东选集》第 2 卷，人民出版社 1991 年版，第 633 页。

一、帝国主义是中国人民最主要的敌人

近代中国多灾多难，帝国主义的入侵是总根源。伴随着第二次工业革命的深入推进，资本主义进入到更高级的发展阶段——帝国主义阶段，其扩张本性充分暴露，这表现在西方列强纷纷加强海外殖民掠夺，世界市场逐渐形成，资产阶级用廉价的商品打开了落后国家的大门，将之纳入到资本主义世界市场当中。马克思、恩格斯在《共产党宣言》中生动地描绘了这一场景："不断扩大产品销路的需要，驱使资产阶级奔走于全球各地。它必须到处落户，到处开发，到处建立联系"[①]，"它的商品的低廉价格，是它用来摧毁一切万里长城、征服野蛮人最顽强的仇外心理的重炮。"[②]资本主义的全球化发展趋势在为资产阶级谋求巨大利益的同时，也给弱小国家和民族带来了极为深重的灾难。1840 年以来，西方列强将贪婪的目光投向古老的中国，现代工业文明对传统农耕文明造成了强烈冲击，成为瓦解封建社会经济基础的最直接、最重要的原因。西方列强入侵带来的影响远不止于经济的解体，如前文所述，其负面效应在政治、文化、思想等领域均有鲜明体现。帝国主义国家不断发动侵略战争，强迫清政府与之签订《南京条约》《天津条约》《北京条约》《马关条约》《辛丑条约》等一系列不平等条约，中华民族的前途命运数

①《马克思恩格斯选集》第 1 卷，人民出版社 2012 年版，第 404 页。
②《马克思恩格斯选集》第 1 卷，人民出版社 2012 年版，第 404 页。

次面临严峻的考验。国家失去尊严，深陷落后挨打的境地；军阀连年混战，处于四分五裂的局面；人民颠沛流离，自豪感、自信心备受打击。中国遭遇了千年未有之大变局，不复昔日繁荣昌盛的景象。反观之，帝国主义则在中国耀武扬威、恣意妄为，不仅从中国掠夺了大量的货币财富和宝贵的物质资源，而且对中国的文化遗产造成了无法挽回的损失。因此，帝国主义和中华民族的矛盾是近代以来最主要的矛盾，帝国主义是中国人民最主要的敌人。

所谓“最主要”，是具有比较意味的定性评价。毛泽东曾经揭示了中国革命存在多个敌人的事实。例如，在《中国社会各阶级的分析》中，毛泽东将“一切勾结帝国主义的军阀、官僚、买办阶级、大地主阶级以及附属于他们的一部分反动知识界”[①]作为革命的敌人，但从比较的视野分析，帝国主义显然对中国伤害最深、危害最大。20 世纪 30 年代以来，伴随着日本帝国主义的入侵，中国的阶级状况发生了很大变化，毛泽东在多篇文章中阐述了中国革命的对象问题，《青年运动的方向》提出：“革命的对象是什么呢？大家知道，一个是帝国主义，一个是封建主义。现在的革命对象是什么？一个是日本帝国主义，再一个是汉奸。”[②]《〈共产党人〉发刊词》指出：“中国的带买办性的大资产阶级历来都是革命的对象”[③]。在以往论述的基础之上，

①《毛泽东选集》第 1 卷，人民出版社 1991 年版，第 9 页。
②《毛泽东选集》第 2 卷，人民出版社 1991 年版，第 562 页。
③《毛泽东选集》第 2 卷，人民出版社 1991 年版，第 607 页。

《中国革命和中国共产党》将帝国主义确立为众多革命对象中“最主要”的对象，这既是源于帝国主义入侵对中国造成的严重后果，也是毛泽东的矛盾学说在革命问题中的具体运用，与前文关于中国社会主要矛盾的分析一脉相承。毛泽东在《矛盾论》中指出：“在复杂的事物的发展过程中，有许多的矛盾存在，其中必有一种是主要的矛盾，由于它的存在和发展规定或影响着其他矛盾的存在和发展。”[①]帝国主义是造成中国社会停滞不前、中国人民极度贫困的根本原因，帝国主义和中华民族的矛盾在所有矛盾中起着决定性作用，是各种矛盾中最主要的矛盾。社会矛盾决定革命对象，既然民族压迫为最大的压迫，那么，在所有的革命对象之中，“帝国主义是中国人民的第一个和最凶恶的敌人”[②]。

毛泽东从宏阔的时代背景出发，综合考察了近代以来影响中国发展的诸多不利因素，通过周密的分析将帝国主义确立为中国革命最主要的对象。对此，我们需要进一步厘清两个方面的问题。首先，表面性与内隐性问题。其一，帝国主义国家并不直接统治中国，而是通过寻找代理人的方式在中国实行间接统治，这使得帝国主义与中华民族的矛盾时常处于隐蔽状态。以太平天国运动、北洋军阀统治时期为例，西方列强在此期间并没有直接参与对百姓的镇压活动，也没有挑起侵略战争，却通过物资支持、武器支援等各种可能的方式背后操纵反动势力、煽动中国内乱、打压革命运动。其二，帝国主义侵略中国的方

①《毛泽东选集》第 1 卷，人民出版社 1991 年版，第 320 页。
②《毛泽东选集》第 2 卷，人民出版社 1991 年版，第 633 页。

式主要通过战争胁迫，又不局限于此，政治压迫、经济剥削、文化渗透、军事破坏等都是帝国主义经常采用的手段，这其中既有激烈的争斗，也有刻意的拉拢。尽管帝国主义间或改用温和的非军事手段，推行绥靖政策以达到殖民统治的企图，但透过现象看本质，帝国主义与中华民族之间的矛盾仍然居于主导地位。其次，长期性与阶段性问题。总体而言，帝国主义侵略贯穿整部近代史，是中国革命的主要对象；具体来说，帝国主义的内涵并非一成不变，而是呈现出阶段性特征。尽管同处于垄断资本主义的宏观背景之下，不同历史时期的帝国主义有不同的国家指向。百余年来，资本主义国家数次发动侵华战争，中英鸦片战争、英法联合侵华战争、中法战争、甲午中日战争、八国联军侵华战争等等，在此期间，中国与特定国家的矛盾最为突出。20 世纪 30 年代，中日之间的矛盾进一步激化，“在日本武力侵入中国以后，中国革命的主要敌人是日本帝国主义和勾结日本公开投降或准备投降的一切汉奸和反动派”[①]。尽管中国与其他西方资本主义国家之间的对抗没有解除，但其带来的危害相对弱化，日本帝国主义取代其他国家成为中国革命最主要的对象。

二、中国封建势力也是中国革命的主要对象

近代以来，受制于外部列强的入侵和内部腐朽的统治，清

①《毛泽东选集》第 2 卷，人民出版社 1991 年版，第 633 页。

朝由强盛转向衰败，综合国力大不如前，民族危机日益加深。辛亥革命之后，皇帝被迫退位，君主专制制度走向消亡。然而，封建制度的终结并不必然意味着封建势力的瓦解。一般而言，某种社会制度消亡之初，其残余势力不会立即随之消亡，而是凭借长久的历史积淀和已有的社会根基继续存在，甚至在一定范围内重整旗鼓，阻碍新生事物的成长、延缓社会发展的进程，这种现象在近代中国十分突出。

社会的发展是前进性与曲折性的辩证统一，新势力战胜旧势力需要经历众多的挫折和磨难。无产阶级虽然发展迅速，但起步较晚，掌握的社会资源、产生的社会影响等相对有限。相反，封建势力则十分顽固，封建贵族、地主阶级的宗族势力依旧强大，政治压迫、经济剥削普遍存在，阻碍着生产力的发展和社会制度的变革。一方面，近代以来，传统落后的生产方式、封建主义的生产关系已经不能适应经济发展的需要，社会生产力受到很大的桎梏。在辛亥革命之后的数年间，封建社会赖以存在的土地私人所有制尚未废除，大量土地集中在少数人手中，广大农村地区的生产力得不到解放，仍然停留在个体生产的状态，这种现象一直持续到新中国成立之初，这成为封建势力不断巩固的根基，也是帝国主义借以统治中国的支柱。另一方面，统治阶级在时代潮流的变革中不甘心被取而代之，抱持落后守旧的思想观念，想方设法维护阶级利益、巩固自身地位，竭力阻挠改革的推行，洋务运动的失败、戊戌六君子的牺牲等都是封建势力极力压制、顽抗的结果；他们甚至不惜与外力相互勾结，“量中华之物力，结与国之欢心”，共同镇压百姓运动，成为社会进步的一大阻力。清廷灭亡之后，封建势力企图卷土重来，逆流而动，上演了许多历史闹剧，如袁世凯、张勋复辟帝制及伪满洲国的建立，深刻说明了封建势力仍有存在的社会根基，封建思想仍然残存在人们的头脑中。

封建社会在中国长期存在，封建势力根深蒂固，清廷灭亡之后，仍旧在不同的社会历史条件下以不同的表现形式渗透于社会各个方面，其影响无处不在，无法顷刻使之消失殆尽。20世纪中国政坛风云变幻，辛亥革命的胜利果实被窃取，中国进入北洋军阀的专制统治时期，相对统一的局面伴随着袁世凯的死亡而结束，在帝国主义的争夺和扶植下，北洋军阀一分为三，呈现出各自为政的新格局。军阀取代封建贵族成为新的统治阶级，他们对外依赖不同的帝国主义国家，对内则是地方封建势力的代表。皖系、奉系、直系等军阀长期拥兵自重、割据一方，以武装力量为后盾、以封建制度为支撑实现了对特定区域的控制，延续着封建社会的专制统治。不仅如此，由于军阀各自代表不同地方、帝国主义国家的利益，封建势力内部出现了严重的分裂，彼此之间纷争不断，导致中国经济不发达，政局不稳定，广大人民群众深受其害。

封建思想流毒的清除以及社会价值观念的重塑需要经历长期的历史过程，不可能像革命那样采用激烈的方式在一朝一夕之间将之全部推翻。因而，思想的改造与社会的变革具有不同步性，这种不同步性在很大程度上阻碍着人们对新生事物的认知和接受，在革命过程中封建思想反复出现，封建势力冥顽不化，民国成立之初接二连三的复辟浪潮与此有莫大关联。毛泽东在《井冈山的斗争》中指出："封建时代独裁专断的恶习惯深中于群众乃至一般党员的头脑中，一时扫除不净，遇事贪图便利，不喜欢麻烦的民主制度。"①从一个侧面说明了封建思想的惯性作用，这表现为无处不在的封建势力，一直阻碍着经济现代化、政治民主化的进程。综上所述，封建势力是帝国主义之外中国革命的又一主要对象。

三、反帝反封建是近代中国革命的两大任务

在马克思列宁主义的指导下，中国共产党成立之初就开始了对革命任务的阐释。党的一大提出："革命军队必须与无产阶级一起推翻资本家阶级的政权"②，将推翻资产阶级政权作为无产阶级革命的任务；党的二大提出了彻底的反帝反封建的革命纲领。此后，以毛泽东为代表的中国共产党人从实际出发，不断探讨革命任务的时代内涵，使之更加具有针对性和现实感。《中国革命和中国共产党》立足20世纪30年代以来国内外的斗争形势，对现阶段的革命任务加以具体化表述："既然现阶段上中国革命的敌人主要的是帝国主义和封建地主阶级，那

① 《毛泽东选集》第1卷，人民出版社1991年版，第72页。

② 中共中央文献研究室，中央档案馆编：《建党以来重要文献选编（一九二一—一九四九）》第1册，中央文献出版社2011年版，第1页。

末，现阶段上中国革命的任务是什么呢？”“毫无疑义，主要地就是打击这两个敌人，就是对外推翻帝国主义压迫的民族革命和对内推翻封建地主压迫的民主革命，而最主要的任务是推翻帝国主义的民族革命。”[①]文中将反帝反封建作为中国革命的主要任务，对此，我们需要从两个方面加以理解。

第一，反帝反封建是中国革命的主要任务，但不是全部任务。由于国际形势、国内环境始终处于变化之中，中国革命的对象既具有相对稳定性，又呈现出差异性特征，革命的重心有所变化。例如，中国资产阶级领导过辛亥革命，参与了北伐战争和抗日战争，在历史上曾经起着积极进步的作用。然而，资产阶级的上层人士一度游离于革命阵营之外，站在了人民的对立面，从革命的盟友转变为革命的敌人，“这个资产阶级的上层部分，即以国民党反动集团为代表的那个阶层，它曾经在一九二七年至一九三七年这一个长时期内勾结帝国主义，并和地主阶级结成反动的同盟，背叛了曾经援助过它的朋友——共产党、无产阶级、农民阶级和其他小资产阶级，背叛了中国革命，造成了革命的失败”[②]。鉴于部分资产阶级叛变革命的事实，革命的人民和革命的政党必须因时制宜，“曾经不得不把这些资产阶级分子当作革命的对象之一”[③]。由此可知，尽管反帝反封建是近代革命一以贯之的主题，但帝国主义、封建主义不是中国革

①《毛泽东选集》第 2 卷，人民出版社 1991 年版，第 636—637 页。
②《毛泽东选集》第 2 卷，人民出版社 1991 年版，第 634 页。
③《毛泽东选集》第 2 卷，人民出版社 1991 年版，第 634 页。

命的唯一对象。其他革命对象尽管力量相对弱小，仍在一定程度上影响着革命目标的实现，是中国人民在特定历史阶段的敌人。例如，在抗日战争时期，“抗日的人民，也已经不得不把这些背叛民族利益的大资产阶级分子当作革命的对象之一”。[①]

第二，反帝反封建两大任务互相关联，民族革命与民主革命不可分割。封建剥削制度是帝国主义统治中国的主要基石，帝国主义是封建势力长期存在的主要依靠，封建主义与帝国主义相互勾结、彼此利用，共同镇压革命运动、欺凌中国百姓。因此，反帝反封建的革命斗争无法单独进行，必须全面展开，“中国革命的两大任务，是互相关联的。如果不推翻帝国主义的统治，就不能消灭封建地主阶级的统治，因为帝国主义是封建地主阶级的主要支持者。反之，因为封建地主阶级是帝国主义统治中国的主要社会基础，而农民则是中国革命的主力军，如果不帮助农民推翻封建地主阶级，就不能组成中国革命的强大的队伍而推翻帝国主义的统治。所以，民族革命和民主革命这样两个基本任务，是互相区别，又是互相统一的”[②]。对外反抗帝国主义的民族革命和对内反抗封建主义的民主革命紧密相连，如果把二者割裂为前后两个阶段，这不仅在理论上是不正确的，而且在实践上是行不通的。鉴于帝国主义和封建主义之间的特殊关联，唯有民族革命和民主革命同步推进才能完成近代革命的既定任务。

①《毛泽东选集》第 2 卷，人民出版社 1991 年版，第 634 页。
②《毛泽东选集》第 2 卷，人民出版社 1991 年版，第 637 页。

民族革命和民主革命的同时进行并不意味着二者在革命进程中具有同等的重要性和紧迫性。在国仇家恨的交织中，帝国主义才是造成近代中国贫穷落后的罪魁祸首。与反对封建主义相比，反对帝国主义更为根本、更加关键。《中国革命和中国共产党》特别强调解决民族矛盾和开展反帝斗争的现实意义，将之视为中国革命最主要的任务，这既是独特的时代环境所决定的，也与共产党实行统一战线的革命方针密不可分。《中国革命和中国共产党》成文于 1939 年，此时，全面抗战已经进入相持阶段，为了制衡强大的日本帝国主义，在中国共产党的发起和领导下，抗日民族统一战线在此之前已经正式形成。尽管如此，国共之间的关系时有反复，两党之间的摩擦时而发生。国民党五届五中全会以后，反共成为国民党抗战之外的另一重要社会活动主题，这不仅极大地破坏了两党的团结，而且对抗战造成了消极的影响。在《中国革命和中国共产党》中，毛泽东将反对帝国主义定义为最主要的革命任务，为抗日民族统一战线的实施提供了理论上的依据和实践上的支撑，有利于团结国内一切可能的力量共同抗战。

第七章　近代中国革命的动力和依靠力量

凝聚革命力量、组建革命团队、形成革命同盟是决定革命成败的关键性因素。中国革命的动力在哪里？中国革命可以依靠谁，应该依靠谁？在半殖民地半封建社会，阶级斗争长期存在，阶级状况十分复杂，“有地主阶级，有资产阶级；地主阶级和资产阶级的上层部分都是中国社会的统治阶级。又有无产阶级，有农民阶级，有农民以外的各种类型的小资产阶级”[①]，上述阶级在革命中扮演的角色、发挥的作用存在差异。《中国革命和中国共产党》在明确革命的性质、对象、任务的基础上，运用马克思主义的立场、观点和方法，将社会经济地位作为分析问题的视角，全面剖析了半殖民地半封建社会各个阶级的实际状况，逐步了解了他们的阶级立场和革命态度，深入探讨了“有些什么阶级有些什么阶层可以充当反对帝国主义和封建主义的力量”[②]的问题，从而认清了中国革命的动力和依靠力量。

---

①《毛泽东选集》第 2 卷，人民出版社 1991 年版，第 638 页。

②《毛泽东选集》第 2 卷，人民出版社 1991 年版，第 638 页。

一、民族资产阶级一身二任

马克思主义第一次科学地揭示了人类社会的发展规律,资本主义社会取代封建社会是历史前进的一般趋势,西方国家的发展轨迹就是如此。然而,中国社会的演进并未遵循封建主义—资本主义的逻辑进程,而是在西方列强一次次的侵略下逐渐步入了半殖民地半封建社会。在这样特殊的时代背景下,孕育于封建社会内部的民族资产阶级不仅背负着反对封建主义剥削的阶级使命,而且与强大的帝国主义势力存在矛盾。然而,中国民族资产阶级在对外民族革命、对内民主革命中均没有展示出应有的彻底性,而是一身二任,带有两面性特征,"一方面——参加革命的可能性,又一方面——对革命敌人的妥协性,这就是中国资产阶级'一身而二任焉'的两面性。"①

在共产党内,陈独秀虽然对中国民主革命的领导权问题存在模糊认识,但他较早地开始了对中国资产阶级的研究,指出了中国资产阶级不同于西方国家资产阶级的鲜明特征。1923年,陈独秀在《资产阶级的革命和革命的资产阶级》中,将殖民地或半殖民地社会的资产阶级分为"革命的资产阶级""反革命的资产阶级""非革命的资产阶级",并在文末进一步提出"反抗帝国主义"及"联络无产阶级"是全世界殖民地或半殖民地

①《毛泽东选集》第2卷,人民出版社1991年版,第674页。

资产阶级革命特有的共通原则。[1]同年，在《中国国民革命与社会各阶级》中，陈独秀不仅分析了幼稚的资产阶级“爱和平怕革命”“半和平半革命”以及“趋向革命”等复杂多变的心态，而且提出革命态度“都不是他们主观上的意识决定的，乃是他们客观上的经济条件决定的”[2]，阐述了阶级利益与革命立场之间的因果关系；提出了“资产阶级究竟革命不革命，当视其经济的历史的发展决定之，不当以其初步积累时懦弱心理决定其全阶级的终身命运”[3]的观点，通过动态考察资产阶级的经济状况把握了资产阶级的利益需要、革命态度，为中国共产党人对社会各阶级的分析提供了思路。

毛泽东早在 20 世纪 20 年代就开始了对民族资产阶级革命立场的探讨。1925 年，毛泽东在《中国社会各阶级的分析》中对资产阶级进行了细致分类，重点阐释了中产阶级（主要指民族资产阶级）既需要革命又怀疑革命的矛盾态度，以及在帝国主义、封建军阀和无产阶级两大对立阵营之间左右摇摆的真实处境，“他们在受外资打击、军阀压迫感觉痛苦时，需要革命，赞成反帝国主义反军阀的革命运动；但是当着革命在国内有本国无产阶级的勇猛参加，在国外有国际无产阶级的积极援助，

① 参见中共中央文献研究室，中央档案馆编：《建党以来重要文献选编（一九二一——一九四九）》第 1 册，中央文献出版社 2011 年版，第 228 页。

② 中共中央文献研究室，中央档案馆编：《建党以来重要文献选编（一九二一——一九四九）》第 1 册，中央文献出版社 2011 年版，第 360 页。

③ 中共中央文献研究室，中央档案馆编：《建党以来重要文献选编（一九二一——一九四九）》第 1 册，中央文献出版社 2011 年版，第 359 页。

对于其欲达到大资产阶级地位的阶级的发展感觉到威胁时，他们又怀疑革命”[①]。1939 年，在《中国革命和中国共产党》一文关于革命动力的论述中，毛泽东再次详细分析了民族资产阶级的革命态度问题。毛泽东将民族资产阶级与大资产阶级区别对待，“资产阶级有带买办性的大资产阶级和民族资产阶级的区别”[②]。大资产阶级历来不是中国革命的动力，民族资产阶级则是带有两重性的阶级，是否参与革命、参与革命的程度需要根据情况的变化具体分析。一方面，中国的民族资产阶级诞生于半殖民地半封建社会的环境中，在夹缝中求生存。近代以来，随着封建社会的解体，社会上的商品贸易往来日益增加，民族工业似乎迎来了新的发展机遇，然而大量西方资本的输入使民族资产阶级遭遇新的打击，在西方资本的排挤、压制下，破产者不在少数。因此，“他们同帝国主义和封建主义有矛盾”，“他们是革命的力量之一”[③]。另一方面，民族资产阶级先天不足，后天发展缓慢，自身力量十分微弱，对帝国主义、封建主义有深深的依附性，既不能同他们完全断绝经济上的联系，又不能失去他们在政治上的庇护，只得在外力的卵翼下艰难前行。由于民族资产阶级内在的软弱性，使得“他们又没有彻底的反帝反封建的勇气”[④]。

①《毛泽东选集》第 1 卷，人民出版社 1991 年版，第 4 页。
②《毛泽东选集》第 2 卷，人民出版社 1991 年版，第 639 页。
③《毛泽东选集》第 2 卷，人民出版社 1991 年版，第 640 页。
④《毛泽东选集》第 2 卷，人民出版社 1991 年版，第 640 页。

民族资产阶级对待革命具有双重态度。他们既有参加革命的可能，也有叛变革命的危险；他们既在特定的历史时期倒向过敌人的阵营，也曾经表现过一定的反帝国主义和反官僚军阀政府的积极性。对于民族资产阶级的革命性和妥协性，我们既不能夸大，也不应忽视，必须结合阶级斗争状况以及革命实际需要实事求是地加以评判。中国共产党审时度势，适时调整革命策略，对于民族资产阶级，不但积极争取，而且谨慎提防。全面抗战时期，与民族资产阶级联合抗战成为当务之急，共产党此时强调的是民族资产阶级革命的一面，文中指出："在中国的民族资产阶级，主要的是中等资产阶级，他们虽然在一九二七年以后，一九三一年（九一八事变）以前，跟随着大地主大资产阶级反对过革命，但是他们基本上还没有掌握过政权，而受当政的大地主大资产阶级的反动政策所限制。在抗日时期内，他们不但和大地主大资产阶级的投降派有区别，而且和大资产阶级的顽固派也有区别，至今仍然是我们的较好的同盟者。"[①]将民族资产阶级作为革命的动力之一，这是中国共产党在建立抗日民族统一战线背景下经过慎重思考做出的正确选择，说明中国共产党人对民族资产阶级革命立场的看法趋向成熟。

①《毛泽东选集》第 2 卷，人民出版社 1991 年版，第 640 页。

二、小资产阶级是中国革命的动力之一

小资产阶级是中国社会阶级结构中的另一重要组成部分，它介于无产阶级与资产阶级之间，兼有二者的某些特征。和民族资产阶级一样，不是所有的小资产阶级都能够坚持革命到底，如何判断小资产阶级在革命进程中的地位和作用是需要解决的又一难题。对此，中国共产党人在抗战前、抗战后分别有过论述。《中国革命和中国共产党》一文将小资产阶级视为中国革命的动力之一，这是毛泽东基于对小资产阶级的长期关注得出的客观判断，代表了这一时期共产党人对小资产阶级经济状况、政治地位与社会心理的准确定位。

无论是在西方国家还是在东方国家，小资产阶级具有一些共性特征，例如，人口占比高，涉及对象广，行业跨度大。列宁指出，在多数资本主义国家，小生产者和小资产者是一个“很大的少数”，“约占人口的 30%—45%”[①]。毛泽东认为小资产阶级在中国占了很大比重，“这一个阶级，在人数上，在阶级性上，都值得大大注意”[②]，并用“汪洋大海”一词比喻小资产阶级。从人员构成分析，小资产阶级由来自不同行业的群体组成。毛泽东在《中国社会各阶级分析》中对小资产阶级的范畴进行了详细分类，将小资产阶级定义为“自耕农，手工业主，小知识

①《列宁全集》第 42 卷，人民出版社 2017 年第 2 版增订版，第 49 页。

②《毛泽东选集》第 1 卷，人民出版社 1991 年版，第 5 页。

阶层——学生界、中小学教员、小员司、小事务员、小律师，小商人等”[①]；《中国革命和中国共产党》将农民从小资产阶级的范畴中抽离出来作为独立的分析对象，因而小资产阶级包括“广大的知识分子、小商人、手工业者和自由职业者”[②]，这与毛泽东在20世纪20年代时的界定相差无几。小资产阶级行业来源广泛，涉及群体众多，这是小资产阶级区别于其他阶级的独有特征。

小资产阶级的革命态度历来是马克思主义者的关注点。马克思、恩格斯指出：“在现代文明已经发展的国家里，形成了一个新的小资产阶级，它摇摆于无产阶级和资产阶级之间，并且作为资产阶级社会的补充部分不断地重新组成。”[③]列宁延续了这种说法，认为“小资产阶级在无产阶级和资本家阶级之间摇摆不定是不可避免的”[④]，“他们疯狂地东奔西窜，寻求出路和解救办法，他们摇摆不定，时而信任和支持无产阶级，时而又爆发绝望情绪”[⑤]。陈独秀在论述小资产阶级的革命态度时，虽然没有使用“摇摆”一词，但基本看法与经典作家一脉相承，他在《中国国民革命与社会各阶级》中提出小资产阶级的知识阶级“在任何阶级的革命运动中，他都做过不少革命的功劳，

①《毛泽东选集》第1卷，人民出版社1991年版，第5页。
②《毛泽东选集》第2卷，人民出版社1991年版，第640页。
③《马克思恩格斯选集》第1卷，人民出版社2012年版，第425页。
④《列宁全集》第38卷，人民出版社2017年第2版增订版，第19页。
⑤《列宁选集》第3卷，人民出版社2012年版，第508页。

也做过不少反革命的罪恶”[①]，将之视为不确定的革命力量。毛泽东在《中国社会各阶级的分析》中从经济状况出发，认为小资产阶级持有怀疑、中立、赞同三种不同的革命态度。因此，领导小资产阶级走上革命道路，使小资产阶级在决定性的关头倒向无产阶级是马克思主义政党的职责所在。

在《中国革命和中国共产党》中，经济地位、生活状况仍然是判断小资产阶级革命态度的基本切入点，文中以此为据对上述四个群体一一展开说明。如，知识分子群和青年学生群“一般地是受帝国主义、封建主义和大资产阶级的压迫，遭受着失业和失学的威胁”[②]。小商人、手工业者、自由职业者的经济状况、生活遭遇特别相似，他们以小规模的个体经营为主，不雇佣工人，或者只雇佣少数工人，对他人没有剥削或者只有轻微的剥削，大部分情况下依靠自己的劳动为生。虽然小资产阶级占有少部分生产资料，但其掌握的资源、积累的财富根本无法与资产阶级相比，反而在帝国主义、大资产阶级和高利贷者的剥削下濒临破产，正如文中总结的那样：“所有这些小资产阶级，和农民阶级中的中农的地位有某些相像，都受帝国主义、封建主义和大资产阶级的压迫，日益走向破产和没落的境地。”[③]经济基础决定政治态度，政治态度反映经济基础。以知识分子、

① 中共中央文献研究室，中央档案馆编：《建党以来重要文献选编（一九二一—一九四九）》第1册，中央文献出版社2011年版，第361页。

②《毛泽东选集》第2卷，人民出版社1991年版，第641页。

③《毛泽东选集》第2卷，人民出版社1991年版，第640—641页。

青年学生为例，由于遭受失业、失学的威胁，毛泽东认为“他们有很大的革命性”，“尤其是广大的比较贫苦的知识分子，能够和工农一道，参加和拥护革命”[①]，并举例说明了知识分子、青年学生在革命运动中的先锋和桥梁作用。与以往的论述相比，毛泽东对小资产阶级给予了正向性评价，认为“这些小资产阶级是革命的动力之一，是无产阶级的可靠的同盟者”[②]，“他们一般地能够参加和拥护革命，是革命的很好的同盟者，故必须争取和保护之”[③]。虽然毛泽东在文中指出了不是所有知识分子都能革命到底的事实，并且看到了小资产阶级易受外界影响的缺点，但并没有将之作为判断小资产阶级革命立场的重要因素，整体而言，《中国革命和中国共产党》进一步凸显了小资产阶级的革命性。

三、农民阶级是中国革命的同盟军

农业是中国传统支柱产业，封建社会一家一户的小农生产模式造就了数以亿计的农民大军。在社会各阶级的对比中，农民阶级历来人数最多，是社会财富的直接创造者和经济发展的主要推动者。中国共产党对于农民的阶级特点及其社会贡献早有认知。李大钊在 1925 年末发表的《土地与农民》一文中指

①《毛泽东选集》第 2 卷，人民出版社 1991 年版，第 641 页。
②《毛泽东选集》第 2 卷，人民出版社 1991 年版，第 641 页。
③《毛泽东选集》第 2 卷，人民出版社 1991 年版，第 642 页。

出："在经济落后沦为半殖民的中国，农民约占总人口百分之七十以上，在全人口中占主要的位置，农业尚为其国民经济之基础。故当估量革命动力时，不能不注意到农民是其重要的成分。"[①]毛泽东在《中国革命和中国共产党》中不仅介绍了农民阶级的比重，而且肯定了农民在国民经济发展中的重要作用："农民在全国总人口中大约占百分之八十，是现时中国国民经济的主要力量。"[②]农民阶级的地位与其经济状况密切相关，"农民因为土地缺乏，人口稠密，天灾流行，战争和土匪的扰乱，军阀的额外征税和剥削，外国商品的压迫，生活程度的增高等原因，以致日趋穷困和痛苦"[③]。广大农民深受帝国主义、封建主义的残酷压迫是众所周知的事实，"农民经济破产得不堪言状，而农民变成失业游民的速度非常之快"[④]。农民的生存困境在很大程度上决定了农民的革命诉求，使之成为革命的主要依靠力量。

农民与革命的关系是什么？农民在革命中的作用如何？不同的党派给出了不同的回答。中国共产党虽然意识到了农民阶级自身的局限性，但更多地看到了农民身上蕴藏的革命力量。1922 年《中国共产党第二次全国代表大会宣言》指出："中国三万万的农民，乃是革命运动中的最大要素。""如果贫苦农民

① 中共中央文献研究室，中央档案馆编：《建党以来重要文献选编（一九二一——一九四九）》第 2 册，中央文献出版社 2011 年版，第 642—643 页。

②《毛泽东选集》第 2 卷，人民出版社 1991 年版，第 642 页。

③ 中共中央文献研究室，中央档案馆编：《建党以来重要文献选编（一九二一——一九四九）》第 1 册，中央文献出版社 2011 年版，第 131 页。

④ 中共中央文献研究室，中央档案馆编：《建党以来重要文献选编（一九二一——一九四九）》第 2 册，中央文献出版社 2011 年版，第 75 页。

要除去穷困和痛苦的环境，那就非起来革命不可。而且那大量的贫苦农民能和工人握手革命，那时可以保证中国革命的成功。”[①]党的“三大”通过的《中国共产党党纲草案》提出：“国民革命不得农民参与，也很难成功”[②]，充分肯定了农民在国民革命中的地位。国民党忽视发动下层民众，与之相反，共产党将农民视为革命的可靠同盟军，特别注重解决农民的现实需求、调动农民的革命热情，特别善于引导农民、教育农民，多次在全国各地发动声势浩大的农民运动，带领广大农民走上革命道路、投身革命实践。

毛泽东对于农民问题给予了极大关注，在20世纪20年代实地考察湖南农民运动状况，切身感受到了各地农民革命的浪潮。在1927年发表的《湖南农民运动考察报告》中，毛泽东高度评价了农民力量之于国民革命的伟大意义，并有针对性地描述了富农、中农、贫民各自不同的革命态度。在《中国革命和中国共产党》中，毛泽东再次阐释了工农联盟思想，他延续了以往的分析思路，分别说明了农民阶级当中富农、中农、贫农的群体特征以及相应的革命态度。首先是富农，约占农村人口的5%。富农被称为农村的资产阶级，大多出租土地，对其他农民有剥削，但是自己也参加劳动，仍然属于农民阶级，“因此，

① 中共中央文献研究室，中央档案馆编：《建党以来重要文献选编（一九二一—一九四九）》第1册，中央文献出版社2011年版，第131页。

② 中共中央文献研究室，中央档案馆编：《建党以来重要文献选编（一九二一—一九四九）》第1册，中央文献出版社2011年版，第251页。

我们不应把富农看成和地主无分别的阶级，不应过早地采取消灭富农的政策。”[①]其次是中农，约占农村人口的20%。中农一般不剥削别人，经济上自给自足，受到帝国主义、地主阶级和资产阶级的剥削，“因此，全部中农都可以成为无产阶级的可靠的同盟者，是重要的革命动力的一部分。”[②]最后是贫农，约占农村人口的70%。贫农是农村中的半无产阶级，没有土地或土地不足，“是中国革命的最广大的动力，是无产阶级的天然的和最可靠的同盟者，是中国革命队伍的主力军”[③]。由于农民内部分化比较激烈，对革命带来的影响不可同等而论，文中对三个群体分别加以说明，体现了毛泽东革命动力理论的科学性和时代性。

四、无产阶级是中国革命的领导力量

领导阶级是决定革命走向和取得胜利的核心要素。近代以来，中国社会阶级构成多样化，唯有无产阶级堪当领导大任。地主阶级、大资产阶级是革命的对象。民族资产阶级势力相对弱小，且与帝国主义、封建军阀之间有千丝万缕的联系。虽然民族资产阶级在受到外来压迫、内部束缚时拥护革命，但当革命的不断向前发展触碰其阶级利益时，又会产生动摇甚至走向

①《毛泽东选集》第2卷，人民出版社1991年版，第643页。
②《毛泽东选集》第2卷，人民出版社1991年版，第643页。
③《毛泽东选集》第2卷，人民出版社1991年版，第643页。

敌人的阵营。因此，民族资产阶级没有能够成长为一支独立的革命力量，难以担当领导大任。农民阶级人口多、力量大，但是文化水平、生活环境、劳作方式等决定了农民阶级具有自身难以克服的弱点，他们大多缺乏政治远见、团结协作精神，民主意识和集体观念相对淡薄，不能制定正确的革命纲领，历史上农民起义在取得短暂的胜利之后，很快就成为改朝换代的工具。实践证明，农民阶级无法完成社会制度的彻底变革，农民阶级是工人阶级的有力补充，但不是革命的领导者，反帝反封建的历史重任就落在了无产阶级身上。

中国无产阶级具有世界上其他国家无产阶级的一般优点，即“与最先进的经济形式相联系，富于组织性和纪律性，没有私人占有的生产资料”①。独特的社会环境还造就了中国无产阶级的特殊优点，这可以归纳为三个方面。

第一，中国无产阶级受压迫的严重性和残酷性十分罕见，因而具有革命的坚决性和彻底性。在半殖民地半封建社会，无产阶级除了遭受封建势力、资产阶级的无情剥削之外，还要遭受帝国主义的残酷压榨。艰难的环境造就了无产阶级顽强的意志、坚定的信念，他们对改变阶级现状怀有深深的向往和热切的期盼，整个阶级都是最革命的。

第二，中国无产阶级在中国共产党的领导之下，成为中国社会里最有觉悟的阶级。五四运动向世人展现了无产阶级的伟

①《毛泽东选集》第 2 卷，人民出版社 1991 年版，第 644 页。

大革命力量，从此无产阶级以独立的姿态登上历史舞台，很快组建了自己的政党——中国共产党。中国共产党将马克思列宁主义作为指导思想，确立了实现全人类解放的宏伟目标，树立了共产主义的崇高理想,并且制定了合乎中国国情的革命纲领。无产阶级在中国共产党的指引下，思想觉悟不断提高，历史使命感不断增强。

第三，无产阶级与广大农民有天然的联系，便于和农民结成亲密的同盟。农民阶级是中国革命的可靠力量，建立工农联盟是中国革命的一大策略。在无产阶级当中，破产农民占大多数，中国共产党人对农民十分了解，能够深入到人民群众当中做好宣传发动工作，和人民群众组成团结有力的革命队伍。

中国革命的历史经验告诉我们,只有在无产阶级的领导下,中国革命才能取得胜利；反之，革命便会遭遇失败。没有任何阶级可以取代无产阶级的领导地位。同样，无产阶级也应该懂得，单凭一个阶级的力量，不足以支撑革命并取得胜利，必须要团结一切可能团结的阶级力量，组成广泛的革命统一战线。在阶级的大联合中，农民阶级是工人阶级坚固的同盟军，城市小资产阶级是可靠的同盟军，民族资产阶级则是在一定时期和一定程度上的同盟军。

总的来说，在中国革命动力的问题上，由于社会阶级结构本身较为复杂，阶级内部、阶级之间的流动、分化十分频繁，阶级状况难以把握。幼年的中国共产党对中国各阶级的地位和作用的认知产生过偏差，对于革命动力和依靠力量的判断有过失误，导致阶级政策发生了或“左”或右的现象。周恩来在1944年《关于党的“六大”的研究》的报告中提出：“在阶级关系的分析上，过去我们的缺点，一是公式化，一是定型化。”[①]全面抗战时期，共产党的斗争经验越来越丰富，毛泽东思想趋于成熟，在以往理论积淀和实践经验的基础上，《中国革命和中国共产党》对当时的阶级状况进行了准确划分、客观评价，这说明中国共产党已经学会将马列主义的普遍原理与中国革命的具体实践相结合，既没有照搬他国经验，也没有以偏概全，而是充分考虑了近代以来中国社会发展的特殊性，将各个阶级植入中国革命所处的时代环境中进行分析，形成了科学的中国革命动力理论。

① 中共中央文献研究室，中央档案馆编：《建党以来重要文献选编（一九二一—一九四九）》第21册，中央文献出版社2011年版，第67页。

第八章　近代中国革命的性质

近代中国革命的性质是什么？是资产阶级革命、社会主义革命还是其他性质的革命？由于中国社会环境的复杂性以及所持判断标准的不一，这个问题曾引发了国内外的多方论争，中国共产党人之间也存在着不同观点。毛泽东较多地因循了马克思主义关于革命性质的内在演进逻辑，将革命对象、革命任务作为确立革命性质的根本依据，在《中国革命和中国共产党》一文中对此进行了科学的分析和界定。

一、资产阶级民主主义革命

马克思主义认为，革命是社会发展的根本动力，当生产关系不能适应生产力发展需要的时候，新兴的阶级力量以革命的方式推翻旧有制度，重建政权结构，确立新的社会形态。所谓资产阶级革命，是资产阶级领导下的旨在推翻封建统治、建立资产阶级政权、为资本主义的发展扫清障碍的革命运动。各国国情的差异性造就了资产阶级革命方式的多样化，在特定的历史时期，资产阶级革命不仅有资产阶级的积极参与，广大人民群众亦作为革命的依靠力量甚至领导阶级加入其中，他们与资产阶级并肩作战，共同反抗封建压迫（有时候包括外来侵略），从而结束君主专制统治（或帝国主义殖民统治），建立民主共和国，这种特殊的革命类型称之为资产阶级民主革命。列宁曾经以俄国革命为例剖析了资产阶级民主革命的某些特征。列宁认为，俄国革命按其社会内容来说是资产阶级民主革命，“因为它直接追求的而且依靠自己的力量所能够直接达到的目的，是建立民主共和国、实行八小时工作制和没收大量的贵族大地产”[①]；按其斗争形式来说是无产阶级革命，“不仅因为无产阶级是运动的领导力量和先锋队，而且还因为无产阶级特有的斗争手段即罢工，是发动群众的主要方法，是种种具有决定意义的事件波浪式前进中的最突出的现象”[②]。与传统意义上的资产阶级革命相比，俄国资产阶级民主革命在革命动力、革命对象、革命目标、革命方式、领导力量等方面均发生了较大变化，是资产阶级革命与俄国国情相结合而产生的革命形态，它与资产阶级革命之间是局部与整体、个别与一般的关系。

中国共产党以马克思列宁主义为指导，在借鉴前人论述和他国经验的基础上，结合中国革命的实践探索不断进行理论思考，对近代中国革命性质问题的认识越来越清晰。中共一大通

①《列宁全集》第 28 卷，人民出版社 2017 年第 2 版增订版，第 318 页。
②《列宁全集》第 28 卷，人民出版社 2017 年第 2 版增订版，第 318 页。

过的纲领将资产阶级作为革命的对象，“消灭资本家私有制，没收机器、土地、厂房和半成品等生产资料，归社会公有”[①]。这实际上是将中国革命的性质定义为社会主义革命，与彼时中国的国情以及社会各阶级的斗争状况并不相符，说明中国共产党在成立之初对革命性质的认识还不成熟。中共二大重新制定了革命纲领，提出了中国革命两步走战略，最低纲领为：“消除内乱，打倒军阀，建设国内和平”[②]；“推翻国际帝国主义的压迫，达到中华民族完全独立”[③]；最高纲领为：“建立劳农专政的政治，铲除私有财产制度，渐次达到一个共产主义的社会”[④]。这表明中国共产党已经学会从革命的特殊性出发界定革命的对象、判断革命的性质，认识到了中国革命必须经由民主主义革命才能走向社会主义革命。中共六大对于中国革命性质的估量是正确的，将当前革命要解决的两大任务即推翻帝国主义和土地革命作为立论依据，指出：“中国革命现在阶段的性质是资产阶级性的民权主义革命，如认中国革命目前阶段为已转变到社会主义性质的革命，这是错误的”[⑤]，对当时中国革命所处的历史

① 中共中央文献研究室，中央档案馆编：《建党以来重要文献选编（一九二一—一九四九）》第 1 册，中央文献出版社 2011 年版，第 1 页。

② 中共中央文献研究室，中央档案馆编：《建党以来重要文献选编（一九二一—一九四九）》第 1 册，中央文献出版社 2011 年版，第 133 页。

③ 中共中央文献研究室，中央档案馆编：《建党以来重要文献选编（一九二一—一九四九）》第 1 册，中央文献出版社 2011 年版，第 133 页。

④ 中共中央文献研究室，中央档案馆编：《建党以来重要文献选编（一九二一—一九四九）》第 1 册，中央文献出版社 2011 年版，第 133 页。

⑤ 中共中央文献研究室，中央档案馆编：《建党以来重要文献选编（一九二一—一九四九）》第 5 册，中央文献出版社 2011 年版，第 377 页。

阶段做出了科学研判。

中国共产党人从整体上越来越清晰地判断中国革命的性质，但社会各界对革命性质的争论并未就此停止，共产党内也没有形成共识。因此，毛泽东反复对这一问题进行说明，反对脱离社会性质讨论革命性质。他从中国革命的实际状况出发，建立起了社会性质以及由此产生的革命对象、革命任务与革命性质的内在因果关联，其逻辑要义在于：中国处于半殖民地半封建社会，反帝反封建的资产阶级革命任务尚未彻底完成，在一定时期内必然要继续进行，此间发生的革命仍属于资产阶级民主主义性质。1935 年 12 月，毛泽东在《论反对日本帝国主义的策略》中指出："一九二四年至一九二七年的革命是资产阶级民主主义性质的革命，这次革命没有完成，而是失败了。一九二七年至现在，我们领导的土地革命，也是资产阶级民主主义性质的革命，因为革命的任务是反帝反封建，并不是反资本主义。今后一个相当长时期中的革命还是如此。"[①]1939 年 5 月，毛泽东在《青年运动的方向》中重申了这一观点："中国革命的性质是什么？我们现在干的是什么革命呢？我们现在干的是资产阶级性的民主主义的革命，我们所做的一切，不超过资产阶级民主革命的范围。"[②]20 世纪 30 年代末，伴随着中国共产党革命斗争经验的日益丰富和毛泽东思想的日臻成熟，毛泽东在《中国革命和中国共产党》中对革命性质问题进行了总结性说

①《毛泽东选集》第 1 卷，人民出版社 1991 年版，第 160 页。
②《毛泽东选集》第 2 卷，人民出版社 1991 年版，第 562—563 页。

明:“现阶段的中国革命究竟是一种什么性质的革命呢?资产阶级民主主义的革命,还是无产阶级社会主义的革命呢?显然地,不是后者,而是前者。”[①]毛泽东以他一直以来秉持的理论逻辑和分析框架进行了科学的阐释和有力的论证,他指出:“既然中国社会还是一个殖民地、半殖民地、半封建的社会,既然中国革命的敌人主要的还是帝国主义和封建势力,既然中国革命的任务是为了推翻这两个主要敌人的民族革命和民主革命,而推翻这两个敌人的革命,有时还有资产阶级参加,即使大资产阶级背叛革命而成了革命的敌人,革命的锋芒也不是向着一般的资本主义和资本主义的私有财产,而是向着帝国主义和封建主义,既然如此,所以,现阶段中国革命的性质,不是无产阶级社会主义的,而是资产阶级民主主义的。”[②]毛泽东用“资产阶级民主主义革命”定义当前的中国革命性质,为革命理论难题的破解做出了突出贡献,为马克思主义中国化增添了鲜活案例,这也是中国共产党人经过艰辛曲折的探索得出的符合中国国情的判断。

二、新式的资产阶级民主主义革命

20世纪以来,随着国内外无产阶级革命运动的高涨,用“资产阶级民主主义革命”概括革命性质仍不完全准确,需要进一

①《毛泽东选集》第2卷,人民出版社1991年版,第646页。
②《毛泽东选集》第2卷,人民出版社1991年版,第646—647页。

步对之进行更为科学的界定。毛泽东在《中国革命和中国共产党》中将原有表述前面冠以“新式”“旧式”进行区分，“现时中国的资产阶级民主主义的革命，已不是旧式的一般的资产阶级民主主义的革命，这种革命已经过时了，而是新式的特殊的资产阶级民主主义的革命”[①]，把新式革命简称为“新民主主义的革命”，并对其内涵进行解读：“所谓新民主主义的革命，就是在无产阶级领导之下的人民大众的反帝反封建的革命。”[②]从定义上可以看出，新民主主义的革命与旧民主主义的革命有共同的革命对象，这决定了二者同属于资产阶级民主主义革命性质；有不同的革命者，革命的动力来源更为广泛，尤为突出的是，无产阶级取代资产阶级成为新的领导阶级，因此，二者在实践过程中呈现出显著不同的特征。

国际环境的巨大变化是造成新、旧民主主义革命差异性的重要原因。19世纪末20世纪初，资本主义进入帝国主义阶段，资本主义国家内部无产阶级与资产阶级之间的矛盾以及资本主义海外侵略扩张引起的民族之间的矛盾更加尖锐，无产阶级奋起反抗，革命运动蓬勃发展。从时间上分析，“这个过程是从第一次世界大战和俄国十月革命之后才发生的”[③]，此后，在马克思列宁主义指导下，不同国家、地区的无产阶级加强沟通、加深联系，全世界范围内的无产阶级革命运动如火如荼，世界革

①《毛泽东选集》第2卷，人民出版社1991年版，第647页。
②《毛泽东选集》第2卷，人民出版社1991年版，第647页。
③《毛泽东选集》第2卷，人民出版社1991年版，第647页。

命的方向发生了较大变化，开始进入世界无产阶级社会主义革命的新时代。

在这样的历史背景之下，任何殖民地、半殖民地国家发生的革命，必然纳入世界无产阶级社会主义革命的范畴，并与他国的社会主义革命紧密联系，中国也不例外。毛泽东在 1935 年《论反对日本帝国主义的策略》中对世界范围内的革命大联盟有过论述，讲明了中国革命和世界革命的关系："自从帝国主义这个怪物出世之后，世界的事情就联成一气了，要想割开也不可能了。我们中华民族有同自己的敌人血战到底的气概，有在自力更生的基础上光复旧物的决心，有自立于世界民族之林的能力。但是这不是说我们可以不需要国际援助；不，国际援助对于现代一切国家一切民族的革命斗争都是必要的。"①在 1939 年《中国革命和中国共产党》中，毛泽东仍然强调新式的资产阶级民主主义革命不是某个国家独有的，而是正在中国以及其他殖民地半殖民地国家同步推进，"这种革命正在中国和一切殖民地半殖民地国家发展起来，我们称这种革命为新民主主义的革命。这种新民主主义的革命是世界无产阶级社会主义革命的一部分，它是坚决地反对帝国主义即国际资本主义的"。②具体而言，中国新式的民主主义革命发生在俄国十月革命之后。十月革命一声炮响，给中国送来了马克思主义。中国共产党诞生之后，在先进理论的指导下，提出了彻底的反帝反封建的革

①《毛泽东选集》第 1 卷，人民出版社 1991 年版，第 161 页。
②《毛泽东选集》第 2 卷，人民出版社 1991 年版，第 647 页。

命纲领，带领无产阶级不断开展革命斗争，无产阶级从革命的追随者转变为革命的领导者。中国无产阶级成为革命的领导者，是旧民主主义革命转变为新民主主义革命的根本原因。从革命战线上分析，新民主主义的革命属于世界无产阶级社会主义革命阵营。

五四运动是新、旧民主主义革命的分界线，尽管中国革命的性质没有发生根本性变化，但中国革命的面貌自此焕然一新。与旧民主主义的革命相比，新民主主义的革命之“新”体现在多个方面，不仅包括新的指导思想、新的领导阶级，还有新的政治、新的经济、新的文化，文中对之进行了解释。例如，“它在政治上是几个革命阶级联合起来对于帝国主义者和汉奸反动派的专政，反对把中国社会造成资产阶级专政的社会”。[①] 这些特征决定了新民主主义革命阶段是终结殖民地、半殖民地、半封建社会和建立社会主义社会之间的过渡阶段，它必将开辟新的革命前途：“这种新式的民主革命，虽然在一方面是替资本主义扫清道路，但在另一方面又是替社会主义创造前提。”[②]《中国革命和中国共产党》一文对新民主主义革命系列问题的论述较为丰富、完整，它与毛泽东随后发表的《新民主主义论》相互补充，共同推动着新民主主义革命理论成为科学的理论体系。

---

①《毛泽东选集》第 2 卷，人民出版社 1991 年版，第 647 页。

②《毛泽东选集》第 2 卷，人民出版社 1991 年版，第 647 页。

三、各革命阶级的统一战线

反帝反封建的任务属于资产阶级民主革命的范畴，应当由资产阶级一力承担。然而，中国民族资产阶级先天不足，后天发展缓慢，面对历史重任，“资产阶级已经无力完成，必须靠无产阶级和广大人民的努力才能完成”①。因此，无产阶级取代资产阶级占据了革命的领导地位，成为革命的中坚力量。在中国共产党的倡导下，无产阶级在革命过程中特别注重争取更多的同盟者，形成了各革命阶级的统一战线，开创了联合革命的新局面。

统一战线旨在联合一切可能的阶级，包括民族资产阶级、小资产阶级、农民阶级、工人阶级甚至特定时期的大地主、大资产阶级、官僚资产阶级的一部分，组建具有强大向心力、战斗力的命运共同体，共同完成反帝反封建的伟大使命。统一战线是中国共产党在新式的民主主义革命时期对敌斗争的基本策略，毛泽东在《新民主主义革命论》中将之称为中国共产党在革命中战胜敌人的三大法宝之一，可见统一战线在推动革命进程中的突出地位和重要作用。统一战线不是中国共产党的独创，其渊源可以追溯到马克思主义经典作家那里。马克思论述过建立统一战线的重要性，“在政治上为了一定的目的，甚至可以同

①《毛泽东选集》第 2 卷，人民出版社 1991 年版，第 563 页。

魔鬼结成联盟，只是必须肯定，是你领着魔鬼走而不是魔鬼领着你走”[①]。列宁在领导俄国革命实践中继承和丰富了马克思主义统一战线思想，提出要利用一切机会寻求支持，“哪怕是极小的机会，来获得大量的同盟者，尽管这些同盟者可能是暂时的、动摇的、不稳定的、不可靠的、有条件的。谁不懂得这一点，谁就是丝毫不懂得马克思主义，丝毫不懂得现代的科学社会主义”[②]。在中国，实行革命的大联合有深刻的现实依据，毛泽东指出：“须知中国社会是一个两头小中间大的社会，共产党如果不能争取中间阶级的群众，并按其情况使之各得其所，是不能解决中国问题的。”[③]无产阶级和大地主、大资产阶级均在社会两端，人数较少，处于中间的农民、城市小资产阶级、民族资产阶级在革命中具有举足轻重的作用，无产阶级能否完成反帝反封建的资产阶级民主主义革命任务，关键就在于能否团结广大的中间阶层，同他们一道开展反帝反封建的革命斗争。

中国是一个半殖民地半封建国家，广大人民群众长期处于帝国主义的侵略和封建势力的压迫之下，这一社会历史条件决定了无产阶级可以把一切不甘心被奴役的爱国之士团结在自己周围，结成包括中华民族绝大多数人口在内的最广泛的统一战线。鉴于中国社会的现实状况和中国革命的实际需求，中国共产党很早就在理论上论证了建立革命统一战线的可能性和必要

①《马克思恩格斯全集》第 11 卷，人民出版社 1995 年版，第 552 页。
②《列宁选集》第 4 卷，人民出版社 2012 年版，第 180 页。
③《毛泽东选集》第 2 卷，人民出版社 1991 年版，第 783 页。

性。毛泽东在1925年发表的《国民党右派分离的原因及其对于革命前途的影响》中指出:“现代殖民地半殖民地的革命,乃小资产阶级、半无产阶级、无产阶级这三个阶级合作的革命,大资产阶级是附属于帝国主义成了反革命势力,中产阶级是介于革命与反革命之间动摇不定,实际革命的乃小资产、半无产、无产这三个阶级成立的一个革命的联合。其对象是国际帝国主义;其目的是建设一个革命民众合作统治的国家;其所号召的民权民生主义并不是某一阶级笼络欺骗某一阶级使为己用的一种策略,而是各革命阶级一种共同的政治经济要求,由他们的代表者(孙中山先生)列为他们政党的纲领;其结果是要达到建设各革命民众统治的国家;其终极是要消灭全世界的帝国主义,建设一个真正平等自由的世界联盟(即孙先生所主张的人类平等、世界大同)。”[①]尽管在当时的革命形势下,毛泽东将中产阶级和民族资产阶级排斥在革命阵营之外,但这篇文章已经提出了几个阶级联合革命的行动纲领、联合执政的社会理想,可以视作中国共产党统一战线理论的萌芽。30年代以来,日本帝国主义的入侵使得统一战线理论具有极大的现实意义,毛泽东在《论反对日本帝国主义的策略》中指出:“党的基本的策略任务是什么呢?不是别的,就是建立广泛的民族革命统一战线。”[②]《中国革命和中国共产党》将新民主主义革命界定为各革命阶级共同参与的革命,“这种新民主主义的革命,和历史上

①《毛泽东文集》第1卷,人民出版社1993年版,第25页。
②《毛泽东选集》第1卷,人民出版社1991年版,第152页。

欧美各国的民主革命大不相同，它不造成资产阶级专政，而造成各革命阶级在无产阶级领导之下的统一战线的专政”[①]。欧美国家的资产阶级革命主要依靠资产阶级的力量，因而导致了资产阶级专政的后果。中国则是另外一种完全不同的局面，由于新民主主义的革命在动力来源上体现了各阶级大联合的特点，在政治上必然会相应地造成统一战线的专政。

统一战线虽然不是中国共产党的首创，但在中国革命史上，我们党曾多次建立统一战线：大革命时期以国共合作为基础的国民革命统一战线，大革命失败之后的以工人、农民、小资产阶级为主体的工农民主统一战线等，尽管不同历史阶段的统一战线有不同的表现形式，本质上都是实现阶级之间的大联合。局部抗战开始以来，共产党及时制定了联合抗战的革命路线，积极寻求与国民党的再次合作，实现了从反蒋抗日到逼蒋抗日再到联蒋抗日的逐步转变，领导建立了最广泛的抗日民族统一战线，全国的工人阶级、农民阶级、城市小资产阶级、民族资产阶级甚至大地主、大资产阶级在抗日的前提下全部联合了起来。与此相适应，共产党这一时期十分注重民主政权的建设，着力将统一战线的理念在抗日根据地付诸实施，“在抗日战争中，在中国共产党领导的各个抗日根据地内建立起来的抗日民主政权，乃是抗日民族统一战线的政权，它既不是资产阶级一个阶级的专政，也不是无产阶级一个阶级的专政，而是在无产

①《毛泽东选集》第 2 卷，人民出版社 1991 年版，第 648 页。

阶级领导之下的几个革命阶级联合起来的专政。只要是赞成抗日又赞成民主的人们，不问属于何党何派，都有参加这个政权的资格”。[①]三三制民主政权是抗日根据地普遍实行的政权形式，在人员构成上分为三个组成部分，即代表工人阶级和贫农的共产党员、代表广大小资产阶级的非党左派进步分子和代表中等资产阶级、开明绅士的中间分子各占三分之一。三三制政权反对某一个阶级的专政，彰显了统一战线政权的性质，诠释了联合执政的理念。正是在统一战线民主政权的保障下，各个阶级广泛联合、团结协作，携手推动抗日战争走向最后的胜利。

①《毛泽东选集》第 2 卷，人民出版社 1991 年版，第 648 页。

第九章　近代中国革命的光明前途

中国革命的道路是曲折的，前途是光明的。近代以来，围绕着中国革命向何处去的问题，各党各派提出了许多的政治主张和建国方略。中国共产党成立后，一代又一代共产党人接续奋斗，不断追寻革命真理、探求革命道路，逐渐明晰了中国革命的基本问题，找准了中国革命的发展方向。毛泽东以中国的特殊国情为客观依据，指出五四运动以后发生在中国的革命属于新民主主义革命，这就决定了中国革命的走向和前途具有自身的独特性。因此，厘清当下正在发生的新式的资产阶级民主主义革命与未来必然要进行的社会主义革命之间的关系，是认清中国革命前途问题的关键所在。《中国革命和中国共产党》指出："在将现阶段上中国社会的性质，中国革命的对象、任务、动力和性质这些基本问题弄清楚了之后，对于中国革命的前途问题，就是说，中国资产阶级民主主义革命和无产阶级社会主义革命的关系问题，中国革命的现在阶段和将来阶段的关系问题，也就容易明白了。"①在文中，毛泽东阐述了近代中国革命经由新民主主义革命转向社会主义革命的历史必然性，对中国

---

①《毛泽东选集》第 2 卷，人民出版社 1991 年版，第 649—650 页。

革命的阶段目标和光明前途进行了详细说明，丰富和发展了马克思主义的革命理论和国家学说。

一、造成革命联盟的民主共和国

国家性质是阶级本质的体现，代表着权力结构的组成关系，反映了不同的阶级在国家政权运行中所处的地位，决定了哪些阶级是统治阶级，哪些阶级是被统治阶级。无产阶级专政理论是马克思主义国家学说的精髓，马克思、恩格斯在《共产党宣言》中指出："无产阶级将利用自己的政治统治，一步一步地夺取资产阶级的全部资本，把一切生产工具集中在国家即组织成为统治阶级的无产阶级手里，并且尽可能快地增加生产力的总量"①，阐述了无产阶级取代资产阶级掌握国家政权的历史发展规律。中国共产党是马克思主义政党，从成立之初就接受了马克思主义的无产阶级专政学说，中共一大通过的第一个党纲中明确提出"承认无产阶级专政"，代表着共产党对未来国家政权建设的早期构想。

从实际情况分析，无产阶级专政的具体形式必须与国家的社会性质、革命进程、历史条件等相适应。中国共产党创造性地将马克思主义基本原理与中国国情相结合，在中共二大上将"统一中国为真正的民主共和国"设定为革命的首要目标，这表

①《马克思恩格斯选集》第1卷，人民出版社2012年版，第421页。

现为多个阶级共同参与组建民主政权，而不是无产阶级一个阶级的专政。此后，毛泽东在多篇文章中表达了自己对这一问题的理解。1925 年 11 月，毛泽东在《答少年中国学会改组委员会问》中提出要“实现无产阶级、小资产阶级及中产阶级左翼的联合统治，即革命民众的统治”①；1926 年 1 月，毛泽东在《国民党右派分离的原因及其对于革命前途的影响》中提出中国革命的目的是“建设一个革命民众合作统治的国家”②。这表明，毛泽东已经认识到近代中国革命胜利后要建立的国家，既不是资产阶级专政的国家，也不是无产阶级专政的国家，而是适合中国社会特点和中国革命规律的各革命阶级联合统治的民主国家。

中国共产党提出的民主共和国的方案得到了共产国际的认可。1926 年 11 月至 12 月，共产国际执委会第七次扩大全会着重讨论了中国革命的结果问题，会议通过的《关于中国形势问题的决议》否认了资产阶级专政是中国革命的唯一结果，而是提出了新的可能：“现阶段的中国革命是资产阶级民主主义性质的，但它应该具有更广泛的社会运动的性质。中国革命的结果并非一定要造成导致国家向资本主义发展的社会政治条件”③，认为革命成功后建立的国家不是纯粹资产阶级民主国家，“这个

①《毛泽东文集》第 1 卷，人民出版社 1993 年版，第 19 页。

②《毛泽东文集》第 1 卷，人民出版社 1993 年版，第 25 页。

③ 中国社会科学院近代史研究所翻译室编译：《共产国际有关中国革命的文献资料（1919—1928）》第 1 辑，中国社会科学出版社 1981 年版，第 278 页。

国家将是无产阶级、农民和其他被剥削阶级的民主主义专政。这将是向非资本主义（社会主义）发展的过渡时期的反帝革命政府”，“中国共产党应该竭尽全力争取最终实现过渡到非资本主义发展轨道的这种革命前途”[①]。共产国际将联合执政作为中国革命发展的未来方向，阐明了共产党在争取非资本主义革命前途过程中的任务，这与中国共产党对中国革命前途的预期以及对自身历史使命的判断是一致的。

国民革命失败之后，鉴于革命形势的变动和阶级关系的变化，中共六大发出了“建立在工人阶级领导之下的苏维埃的工农民主专政”的号召，这与之前联合专政的理念相比，实际上缩小了政权的阶级来源范围。随着日本帝国主义侵略的加剧和中日民族矛盾的激化，中国共产党适时提出建立最广泛的抗日民族统一战线的策略。在共产党的带领下，革命联盟不断扩大，一部分大地主、大资产阶级加入抗战的队伍，成为统一战线的组成力量。与此相适应，中国共产党重新提出“民主共和国”的口号，重新阐述了中国革命的前途问题。1936 年 8 月 25 日，中共中央发出的《中国共产党致中国国民党书》用“民主共和国”替代“苏维埃人民共和国”，意在由工农民主政权转变为抗日民主政权。毛泽东本人曾对民主共和国的有关问题反复说明，他在 1937 年 5 月发表的《中国共产党在抗日时期的任务》中揭示了未来所要建立的民主共和国的阶级内涵：“新的民主共和国

① 中国社会科学院近代史研究所翻译室编译：《共产国际有关中国革命的文献资料（1919—1928）》第 1 辑，中国社会科学出版社 1981 年版，第 278 页。

所包括的成分是什么呢？它包括无产阶级、农民、城市小资产阶级、资产阶级及一切国内同意民族和民主革命的分子，它是这些阶级的民族和民主革命的联盟。”[①]1937 年 10 月，毛泽东在与英国记者贝特兰的谈话中概括了民主共和国的主要特征，从其阶级构成来说，它“不是一个阶级的国家和政府，而是排除汉奸卖国贼在外的一切抗日阶级互相联盟的国家和政府，其中必须包括工人、农民及其他小资产阶级在内”[②]。1939 年 12 月，毛泽东在《中国革命和中国共产党》中又用简明语言重申了上述观点，指出:“中国现阶段的革命所要造成的民主共和国，一定要是一个工人、农民和其他小资产阶级在其中占一定地位起一定作用的民主共和国。换言之，即是一个工人、农民、城市小资产阶级和其他一切反帝反封建分子的革命联盟的民主共和国。”[③]

从上述言论中可以看出，民主共和国作为一种国家治理模式与中国半殖民地半封建社会的国情和新式的民主主义革命的性质相契合，是中国共产党的理论创举。综观当时世界上其他国家的政权构成形态：一种是以欧美国家为代表的资产阶级专政；另一种是以苏联为代表的无产阶级专政。这两种国体形态均不适合中国的国情，中国共产党另辟蹊径，创造了不同以往的第三种政权形态，即建立革命联盟的民主共和国，将之视为

①《毛泽东选集》第 1 卷，人民出版社 1991 年版，第 260 页。
②《毛泽东选集》第 2 卷，人民出版社 1991 年版，第 382—383 页。
③《毛泽东选集》第 2 卷，人民出版社 1991 年版，第 649 页。

殖民地半殖民地国家的革命所采取的过渡国家形式。《中国革命和中国共产党》一文从两个角度分析了中国建立革命联盟的民主共和国的依据。

第一，从斗争战线分析，革命的胜利不可能仅仅依靠一个阶级的力量来实现。新式的资产阶级民主主义革命的显著特征在于广泛发动人民群众，工人、农民、小资产阶级、民族资产阶级是革命的动力，大地主、大资产阶级在一定时期内、一定程度上参与了革命斗争，各阶级共同形成了革命的大联合。因此，在革命胜利之后组建的国家政权中，不仅应当突出无产阶级的地位，保障无产阶级的权利，而且应当肯定其他阶级参与政权的资格，反映其他阶级的利益需要，共享革命胜利的果实，彰显了阶级的广泛参与性。

第二，从国家组成分析，以民主制度取代阶级专政是近代以来革命者的普遍诉求。无论是共产党汲汲追求的共产主义理想还是孙中山提出的三民主义思想，都蕴含着全民共同参与的理论要义和实践要求，力求打破一党、一派、一阶级专政的局面。孙中山看到了资本主义的弊端，在《中国国民党第一次全国代表大会宣言》中表达了抵制私有化、支持国有化的理念，毛泽东与孙中山的构想不谋而合，他曾经用“有饭大家吃”比喻新民主主义，以通俗易懂的语言生动诠释了民主共和国的实质，体现了阶级的平等参与权。

综上所述，新式的资产阶级民主主义革命绝不能忽视无产阶级、农民阶级以及其他小资产阶级的地位。革命胜利后我们既不能建立资产阶级专政的共和国，也不能立即实行社会主义制度，而要在无产阶级的领导下，建立革命联盟的民主共和国，给予一切反帝反封建的人民一定的政治地位，实现革命阶级的联合专政。

二、资本主义经济在中国社会中会有一个相当程度的发展

社会的经济形态与社会的性质息息相关。在资本主义国家，私人资本主义经济占主导地位；在社会主义国家，社会主义国营经济为主要成分。在新民主主义社会向社会主义社会转变的过渡时期，应该采取何种经济形态？由于革命联盟的民主共和国在政权结构上实行多阶级联合专政的形式，与此相适应，经济结构必然表现为多种经济成分的长期并存、共同发展。毛泽东在《中国革命和中国共产党》中指出了民主革命胜利之后社会经济成分的多元化特征，认为资本主义经济不仅不能被立即消灭，而且在中国社会中会有一个相当程度的发展，对资本主义经济在中国的发展前景进行了科学预判。

经济落后国家应该采取何种立场对待资本主义经济？在这个问题上，俄国给其他国家提供了可供借鉴的经验和教训。十月革命胜利之初，俄国曾经短暂地实行了战时共产主义政策，试图取消商品贸易和货币流通，直接过渡到纯社会主义的

经济形式和纯社会主义的分配模式，却引发了严重的经济、政治危机。为了解决由此造成的一系列问题，列宁从俄国国情出发调整计划，从1921年开始推行新经济政策，允许资本主义的适度存在和适当发展，促使生产关系更好地适应生产力的发展水平，毛泽东后来在中共七大上所作的口头政治报告中对此进行了分析概括，“俄国在十月革命胜利以后，还有一个时期让资本主义作为部分经济而存在，而且还是很大的一部分，差不多占整个社会经济的百分之五十”①。这说明，尽管资本主义道路在俄国走不通，但资本主义经济未必要随之被彻底废除，它反而能够在一定时期内发挥积极作用，推动社会生产力的发展。

俄国经济政策的变化以及列宁不怕发展资本主义的态度为中国共产党新民主主义经济思想的形成和经济政策的制定提供了有益启示，在前车之鉴的影响下，中国共产党人对资本主义经济在国民经济中的地位有了较为准确的认知和客观的评价，努力发挥其在近代历史进程中以及革命胜利后社会建设中的积极作用。在新民主主义革命阶段，帝国主义、封建主义以及官僚资本主义是压在中国人民身上的三座大山，一般的资产阶级尚不在革命对象之列，资本主义经济不是消灭的对象。毛泽东认识到了新民主主义革命时期与社会主义革命时期社会经济形态的区别所在，提出新民主主义革命只推翻帝国主义和汉奸反

①《毛泽东文集》第3卷，人民出版社1996年版，第323页。

动派在中国的统治，并不破坏任何尚能参加反帝反封建的资本主义成分，"它在经济上是把帝国主义者和汉奸反动派的大资本大企业收归国家经营，把地主阶级的土地分配给农民所有，同时保存一般的私人资本主义的企业，并不废除富农经济"[①]。共产党据此制定了合理的经济政策，以全面抗战时期为例，共产党在抗日根据地采取多种举措鼓励开办私人企业，推行自由贸易，欢迎资本家、海外华侨来边区投资并出台优待政策，极大地促进了资本主义经济的发展，不仅满足了群众的日常需要，也为抗战胜利奠定了物质基础。

资本主义经济不仅在民主革命时期得以保留，即便是在革命胜利之后也会在一定时期内继续发展。一方面，从可能性角度分析，新民主主义革命的胜利为资本主义经济的发展扫清了障碍。长期以来，中国的资本主义经济受到帝国主义、封建主义及官僚资本主义的压迫而发展缓慢，革命胜利之后，外在的约束逐渐解除，资本主义经济必将得到更为充分、自由的发展，"那末，在革命胜利之后，因为肃清了资本主义发展道路上的障碍物，资本主义经济在中国社会中会有一个相当程度的发展，是可以想象得到的，也是不足为怪的"[②]。另一方面，从必要性角度分析，国内落后的经济状况为资本主义经济的发展提供了现实依据。民主革命胜利之后，旧的生产关系和经济基础被打破，生产力必将得到极大的解放。但改变长久以来各个

①《毛泽东选集》第 2 卷，人民出版社 1991 年版，第 647 页。
②《毛泽东选集》第 2 卷，人民出版社 1991 年版，第 650 页。

地区生产力不发达的状况并非轻而易举的事情，由于受到外来侵略和内部战乱的双重影响，中国经济将在一定时期内处于落后的状况，资本主义经济的发展不仅能够给人民的生活带来便利，而且能够助力经济的发展。因此，在新民主主义革命胜利后必须允许它们的存在和发展，为向社会主义的过渡准备前提条件。

毋庸置疑，资本主义作为一种制度形态在中国不可能行得通，而资本主义作为一种经济方式在革命胜利之后仍然有广泛存在的必要。《中国革命和中国共产党》指出："资本主义会有一个相当程度的发展，这是经济落后的中国在民主革命胜利之后不可避免的结果。"[①]"不可避免"一词表明毛泽东已经将政治因素与经济因素剥离开来，认识到了发展资本主义经济是落后国家的必然选择，将之视为国民经济不可缺少的一部分，在此后的演讲或者文章中，毛泽东多次重申了不能过早消灭资本主义经济的观点。例如，在中共七大的报告中，毛泽东强调资产阶级革命的结果"在一个相当长的时期内仍将使资本主义获得适当的发展"[②]。毛泽东的论断在后来的社会主义建设中得到验证，新民主主义革命胜利之后的过渡时期，社会上共有包括资本主义经济在内的五种经济成分并存，从实践上证明了毛泽东新民主主义主义经济理论的科学性。

①《毛泽东选集》第 2 卷，人民出版社 1991 年版，第 650 页。

②《毛泽东选集》第 3 卷，人民出版社 1991 年版，第 1074 页。

三、中国革命的终极前途是社会主义和共产主义

革命胜利之后不急于消灭资本主义，这并不代表资本主义可以在中国自由发展。需要注意的是，资本主义经济的方向是走资本主义道路，这与共产党将要建立的社会主义国家以及将要实行的公有制经济格格不入，因而不能任其无节制的发展。在提倡发展资本主义经济的同时，毛泽东十分注重对之进行恰如其分的限制。具体来说，发展资本主义的范围仅限于“广大的上层小资产阶级和中等资产阶级所代表的资本主义经济”[①]，不包括操纵国民生计的资本主义；发展资本主义的目的仅限于“它们中一切有益于国民经济的部分有一个发展”[②]，力图发挥有利的一面，遏制消极的一面，这既适应了过渡时期多种经济成分并存的需要，也不与革命的光明前途相违背。归根结底，中国革命终将过渡到社会主义和共产主义社会，而非资本主义社会。

在几千年的历史长河中，对美好社会的向往始终是推动人类向前发展的动力源泉。马克思主义从社会演进的基本规律出发，揭示了人类社会必然走向共产主义的发展趋势，勾画了未来社会的美好蓝图。在马克思、恩格斯那里，共产主义社会“将是这样一个联合体，在那里，每个人的自由发展是一切人的自

①《毛泽东选集》第 4 卷，人民出版社 1991 年版，第 1254 页。
②《毛泽东选集》第 4 卷，人民出版社 1991 年版，第 1255 页。

由发展的条件”[①]，它是彻底解放劳动者、造福底层人民的良方，超越了以往和现存的所有社会制度，因而深受穷苦大众的欢迎，被毛泽东誉为“是自有人类历史以来，最完全最进步最革命最合理的”社会形态。马克思、恩格斯创立的共产主义学说指引着世界革命的方向，唤起了各国无产者的觉醒，国际共产主义运动成为不可抗拒的时代潮流，劳苦大众聚集在共产主义的旗帜下，怀着坚定的信心和必胜的信念勇往直前。马克思主义者不仅树立了共产主义的崇高信仰，而且深入思考了共产主义的实现路径问题。马克思在《哥达纲领批判》中将共产主义分为前后相连的两个阶段：第一阶段或初级阶段、高级阶段。列宁在《国家与革命》中进一步探讨了共产主义的发展阶段问题，将马克思定义的共产主义两个阶段分别称之为社会主义社会、共产主义社会，既为广大人民群众确立了远大的奋斗目标，又为当下的革命运动指明了努力方向。

中国共产党是马克思主义政党，共产主义是共产党人的终极追求。共产党人从不隐瞒自己的政治主张，也不会忘记自己的革命宗旨。毛泽东在《中国共产党在抗日时期的任务》中指出：“共产党人决不抛弃其社会主义和共产主义的理想，他们将经过资产阶级民主革命的阶段而达到社会主义和共产主义的阶段。中国共产党有自己的政治经济纲领。其最高的纲领是社会主义和共产主义，这是和三民主义有区别的。”[②]一代又一代共

①《马克思恩格斯选集》第1卷，人民出版社2012年版，第422页。
②《毛泽东选集》第1卷，人民出版社1991年版，第259页。

产党人在追寻革命理想的道路上披荆斩棘，历经坎坷而不言放弃。社会主义和共产主义早已成为了中国共产党人的崇高信仰和终极追求，象征着中国革命的光明未来，昭示着中国革命的终极前途。《中国革命和中国共产党》对于新民主主义革命的社会主义、共产主义前途从两个角度加以说明。

首先，从外部环境分析。十月革命胜利之后，俄国在世界上建立了第一个社会主义国家，不仅为其他弱小国家和民族树立了榜样，也深刻影响了世界历史发展进程。世界开始进入无产阶级社会主义革命阶段，无产阶级队伍不断壮大，共产主义阵营日益强大，资本主义势力不断衰落。此时，中国的革命性质、革命方向发生了很大变化，从旧民主主义革命进入到新民主主义革命，“因为既然在现阶段上的中国资产阶级民主主义的革命，不是一般的旧式的资产阶级民主主义的革命，而是特殊的新式的民主主义的革命，而是新民主主义的革命，而中国革命又是处在二十世纪三十和四十年代的新的国际环境中，即处在社会主义向上高涨、资本主义向下低落的国际环境中，处在第二次世界大战和革命的时代，那末，中国革命的终极的前途，不是资本主义的，而是社会主义和共产主义的，也就没有疑义了”。[①]世界范围内的共产主义思潮方兴未艾，共产主义运动此起彼伏，社会主义取代资本主义势不可挡，处在这样的时代背景下，中国革命的前途自然是社会主义和共产主义，除此之外，

①《毛泽东选集》第 2 卷，人民出版社 1991 年版，第 650 页。

别无其他可能。

其次，从内部因素分析。尽管新民主主义社会不排斥资本主义因素的存在，甚至鼓励资本主义经济的适度发展，这在一定程度上促使社会内部资本主义因素不断增长，但发展资本主义经济是手段而非目的本身，它只是在为向社会主义过渡准备必要条件，并非要将革命引向资本主义方向。客观而论，在资本主义因素得到发展的同时，社会主义因素也在增长，这在政治领域、经济领域均有鲜明体现，“这种社会主义因素是什么呢？就是无产阶级和共产党在全国政治势力中的比重的增长，就是农民、知识分子和城市小资产阶级或者已经或者可能承认无产阶级和共产党的领导权，就是民主共和国的国营经济和劳动人民的合作经济。所有这一切，都是社会主义的因素”①。随着无产阶级和共产党领导权的确立、巩固，以及国营经济和合作经济成分比重的加大，社会主义因素必将超过非社会主义因素，占据领导地位，为新民主主义向社会主义的转变提供前提。

总的来说，在外部环境和内部因素的双重作用下，中国资产阶级民主革命的结果最终能够避免资本主义的前途，走向社会主义的道路，正如毛泽东后来在《论联合政府》中指出的那样，“这个革命的结果，将使工人阶级有可能聚集力量因而引导中国向社会主义方向发展”②。事实证明，新民主主义革命胜利

①《毛泽东选集》第 2 卷，人民出版社 1991 年版，第 650 页。
②《毛泽东选集》第 3 卷，人民出版社 1991 年版，第 1074 页。

之后，中国的确经由新民主主义社会最终确立了社会主义制度，实现了中国社会几千年来最深刻最伟大的变革，为未来中国的繁荣昌盛奠定了制度保障。从此，古老的中华民族站在新的历史起点上，历经劫难的华夏大地生机焕发，续写民族的辉煌，开创社会主义的伟业。

第十章　中国共产党的双重任务

不同于大多数国家的革命发展历程，近代中国革命跨越了时间上紧密衔接、性质上截然不同的两个阶段，“中国革命是包括资产阶级民主主义性质的革命（新民主主义的革命）和无产阶级社会主义性质的革命、现在阶段的革命和将来阶段的革命这样两重任务的”[①]。民主主义革命、社会主义革命既彼此关联，又相互区别，二者缺一不可，共同构成了完整的中国革命运动，“每个共产党员须知，中国共产党领导的整个中国革命运动，是包括民主主义革命和社会主义革命两个阶段在内的全部革命运动”[②]，“只有认清民主主义革命和社会主义革命的区别，同时又认清二者的联系，才能正确地领导中国革命”[③]。中国共产党作为中国革命的领导者，对于中国革命的发展阶段及其关系有清醒的认识，对于历史赋予的双重使命有自觉的担当，首先要完成推翻帝国主义、封建主义和官僚资本主义的艰巨任务，进而实现逐步过渡到社会主义社会的伟大变革。中国共产党要完成领导中国社会革命的历史重任，必须进行自我革

---

①《毛泽东选集》第 2 卷，人民出版社 1991 年版，第 651 页。
②《毛泽东选集》第 2 卷，人民出版社 1991 年版，第 651 页。
③《毛泽东选集》第 2 卷，人民出版社 1991 年版，第 652 页。

命、加强自身建设。

一、完成新式的民主主义革命

在通往社会主义理想的过程中，民主革命是必经阶段，为社会主义革命的到来奠定基础，提供条件，做好准备。如果不能推翻帝国主义、封建主义、官僚资本主义的残酷统治和压迫，就无法实现民族独立、人民解放，社会主义革命将是无源之水、无本之木。因此，中国共产党只有首先领导中国人民推翻三座大山，夺取民主主义革命的伟大胜利，才能推动中国革命继续发展，走向社会主义的美好前途。毛泽东在多篇文章中客观阐释了中国革命当前所处的历史阶段，引导广大共产党员认清现阶段的革命任务，树立从头干革命的坚定信念。他在《反对本本主义》中指出了革命任务的第一步："我们的斗争目的是要从民权主义转变到社会主义。我们的任务第一步是，争取工人阶级的大多数，发动农民群众和城市贫民，打倒地主阶级，打倒帝国主义，打倒国民党政权，完成民权主义革命。"①在《论反对日本帝国主义的策略》中反对急躁冒进，强调中国革命仍将长期处于民主革命阶段："中国革命的现时阶段依然是资产阶级民主主义性质的革命，不是无产阶级社会主义性质的革命，这是十分明显的。只有反革命的托洛茨基分子，才瞎说中国已经

① 《毛泽东选集》第 1 卷，人民出版社 1991 年版，第 115 页。

完成了资产阶级民主革命，再要革命就只是社会主义的革命了。……今后一个相当长时期中的革命还是如此。”[①]在《中国革命和中国共产党》中，毛泽东又对中国革命所处的历史方位进行了解读：“中国现时的革命阶段，是为了终结殖民地、半殖民地、半封建社会和建立社会主义社会之间的一个过渡的阶段，是一个新民主主义的革命过程。”[②]以上论述表明，毛泽东已经能够把握中国革命的当下任务和未来走向，厘清了新式的民主主义革命和社会主义革命之间的关系，并揭示了中国革命必须一步一步完成的深刻道理，为当前阶段和今后时期的革命实践确立了先后顺序、制定了行动计划。

中国革命是循序渐进的过程，新式的资产阶级民主主义革命是中国革命的第一步，社会主义革命跟随其后，这既是基于中国特殊国情得出的判断，也是对俄国革命实践经验的借鉴。俄国经由资产阶级性质的二月革命、无产阶级性质的十月革命两个阶段，成功地建立了世界上第一个社会主义国家，开创了世界历史新纪元。俄国革命的发展道路给包括中国在内的世界其他落后国家带来了广泛的影响和深刻的启示。中国共产党人逐渐意识到，如果不走完资产阶级民主主义革命的过程，社会主义革命便不具有现实可能性。毛泽东在《为争取千百万群众进入抗日民族统一战线而斗争》中将二者的关系形象地比喻为文章的上篇和下篇，“两篇文章，上篇与下篇，只有上篇做好，

①《毛泽东选集》第 1 卷，人民出版社 1991 年版，第 160 页。
②《毛泽东选集》第 2 卷，人民出版社 1991 年版，第 647 页。

下篇才能做好。坚决地领导民主革命，是争取社会主义胜利的条件”。[1]正是建立在对于革命发展历程的正确认知之上，毛泽东在《中国革命和中国共产党》指出：“民主主义革命是社会主义革命的必要准备，社会主义革命是民主主义革命的必然趋势。”[2]这里的民主主义革命包括旧式的民主主义革命，但主要指新式的民主主义革命。辛亥革命虽然彻底结束了在中国延续了两千多年的封建制度，中国半封建半殖民地的社会性质并未改变，资产阶级民主革命的任务尚未完成，反帝反封建仍然是今后一段时期中国革命运动的中心工作。

以 1919 年的五四运动为分水岭，中国进入了新民主主义革命时期，开启了新的革命篇章。从此，中国共产党义不容辞地肩负起近代中国革命的领导责任，带领广大人民群众将资产阶级革命进行到底，为中国革命赢得了新的发展机遇，使中国革命有了新的发展前途。新民主主义革命和旧民主主义革命虽然同属资产阶级民主主义革命性质，但二者的区别显而易见。马克思主义的指导、无产阶级的领导造就了新民主主义革命不同以往的特征，“拿从辛亥革命开始的中国资产阶级民主革命过程的情形来看，也有了若干特殊阶段。特别是在资产阶级领导时期的革命和在无产阶级领导时期的革命，区别为两个很大不同的历史阶段。这就是：由于无产阶级的领导，根本地改变了革命的面貌，引出了阶级关系的新调度，农民革命的大发动，反

①《毛泽东选集》第 1 卷，人民出版社 1991 年版，第 276 页。
②《毛泽东选集》第 2 卷，人民出版社 1991 年版，第 651 页。

帝国主义和反封建主义的革命彻底性，由民主革命转变到社会主义革命的可能性，等等。所有这些，都是在资产阶级领导革命时期不可能出现的”。[①]在领导中国革命的过程中，中国共产党不仅敢于放弃旧的道路，而且勇于开辟新的道路；新式的民主主义革命不仅要为资本主义的发展扫清道路，更要为社会主义的到来创造条件。新式的民主主义革命的兴起使得中国革命的未来呈现新的趋势：革命目的不再是建立资产阶级专政的国家，而是在革命胜利之后建立了各革命阶级联合专政的国家，并在条件具备后转向社会主义革命。

新式的民主主义革命与社会主义革命虽然同处于共产党的领导之下，前者是后者的基础，后者是前者的必然，但其性质、任务、内容等有着实质性区别。新式的民主主义革命的任务并不超越资产阶级民主革命的范围，正如毛泽东指出的那样：“现在还不应该破坏一般资产阶级的私有财产制，要破坏的是帝国主义和封建主义，这就叫做资产阶级性的民主主义的革命”[②]。与此相反，社会主义革命的任务则是反对资本主义，消灭剥削制度，在中国确立社会主义制度。新式的民主主义革命与社会主义革命之间不能相互取代，而是彼此独立。如果将两个不同的革命步骤合而为一，试图扩大民主主义革命的内涵，则会脱离社会现实条件，陷入“左”倾错误的泥沼，这在中国共产党的历史上有过惨痛的教训。例如，王明提出一次革命论，过早

①《毛泽东选集》第1卷，人民出版社1991年版，第314—315页。
②《毛泽东选集》第2卷，人民出版社1991年版，第563页。

地将资产阶级作为革命的对象，倡导一次革命就可以同时完成原本属于两个不同历史阶段的任务，企图压缩中国革命的历程，一举夺取革命的胜利，结果却违反了革命演进的规律，导致革命动力不足，实践上出现严重挫折。毛泽东在后来发表的《新民主主义论》中，对这一观念进行了批驳，斥之为“空想”：“如果说，民主革命没有自己的一定任务，没有自己的一定时间，而可以把只能在另一个时间去完成的另一任务，例如社会主义的任务，合并在民主主义任务上面去完成，这个叫做‘毕其功于一役’，那就是空想，而为真正的革命者所不取的。”[①]需要注意的是，尽管民主主义革命、社会主义革命容易混淆，但彼此的界限是客观存在的，不容人为抹杀，不能视而不见。革命不能一劳永逸，共产党人首先必须完成以反帝反封建为根本目标的新式的民主主义革命，消灭资产阶级尚不在考虑之列。

二、准备条件转向社会主义革命

无产阶级应该选择什么样的革命道路是马克思主义经典作家研究的重要命题。由资产阶级民主主义革命转向无产阶级社会主义革命，这是科学社会主义理论的重要组成部分。由于受到时代环境的制约、社会发展水平的局限，马克思、恩格斯尚未形成完整的革命转变理论，也不可能对东方大国如何走上社

①《毛泽东选集》第 2 卷，人民出版社 1991 年版，第 685 页。

会主义道路提出具体的见解，但是他们已经开始对发生在西方世界的无产阶级革命经验进行总结，这为革命转变理论奠定了基础。早在 1840 年，马克思、恩格斯在《共产党宣言》一文中分析了德国的阶级斗争情况，“德国的资产阶级革命只能是无产阶级革命的直接序幕”[①]，“序幕”一词意味着革命运动在现实推进过程中表现为不同的发展阶段。革命不仅具有阶段性，而且具有不间断性。马克思、恩格斯在《中央委员会告共产主义者同盟书》《1848—1850 年的法兰西阶级斗争》等文章中对此进行了说明，诠释了无产阶级不断革命的思想。既然革命可以分为不同的斗争阶段，无产阶级又要持续推进革命，这就必然引出了革命如何转变的理论难题。列宁沿着马克思、恩格斯的观点继续思考帝国主义时代下革命发展阶段论、不断革命论等有关问题。列宁认为革命运动不能一蹴而就，他在《社会民主党对农民运动的态度》中宣称：“我们主张不断革命。我们决不半途而废。”[②]在《无产阶级革命和叛徒考茨基》中指出：“起初同‘全体’农民一起，反对君主制，反对地主，反对中世纪制度（因此，革命还是资产阶级革命，是资产阶级民主革命）。然后同贫苦农民一起，同半无产阶级一起，同一切被剥削者一起，反对资本主义，包括反对农村的财主、富农、投机者，因此革命变成了社会主义革命。”[③]不仅如此，列宁还立足落后国家的革命特点，

①《马克思恩格斯选集》第 1 卷，人民出版社 2012 年版，第 435 页。
②《列宁选集》第 1 卷，人民出版社 2012 年版，第 650 页。
③《列宁选集》第 3 卷，人民出版社 2012 年版，第 657 页。

分析了资产阶级革命直接转向社会主义革命的可能性和必然性，并在资产阶级革命结束之后带领俄国开展社会主义革命，成功地将理论假设转变为革命行动，将革命理想转变为社会现实。

中国与俄国不仅具有相似的国情，而且具有共同的奋斗目标。社会主义、共产主义是中国共产党孜孜以求的远大理想，民主主义革命必然向社会主义革命转变。尽管中国革命客观上分为不同的发展阶段，但革命的前途是唯一的、不变的。“我们是为着社会主义而斗争，这是和任何革命的三民主义者不相同的。”[①]“而一切共产主义者的最后目的，则是在于力争社会主义社会和共产主义社会的最后的完成。”[②]完成民主主义革命的任务固然十分重要，但它仅仅是漫漫征程中的第一步，革命未完待续，共产党任重道远。毛泽东同样采用了“序幕”一词来形容这个继往开来的过程，他在七届二中全会讲话上提出：“夺取全国胜利，这只是万里长征走完了第一步。如果这一步也值得骄傲，那是比较渺小的，更值得骄傲的还在后头。在过了几十年之后来看中国人民民主革命的胜利，就会使人们感觉那好像只是一出长剧的一个短小的序幕。剧是必须从序幕开始的，但序幕还不是高潮。中国的革命是伟大的，但革命以后的路程更长，工作更伟大，更艰苦。”[③]在这里，毛泽东着眼于革命的美好愿景，以更开阔的视野、宽宏的眼界告诫共产党人戒骄戒躁，勉励共产党

①《毛泽东选集》第1卷，人民出版社1991年版，第276页。
②《毛泽东选集》第2卷，人民出版社1991年版，第651—652页。
③《毛泽东选集》第4卷，人民出版社1991年版，第1438页。

人坚定走完革命的必要步骤，从而实现革命的长远目标。

中国革命不能停留于资产阶级性质的民主主义革命，必须继续朝着社会主义的目标前进，以毛泽东为代表的中国共产党人在领导中国近代革命斗争的过程中，以马列主义的无产阶级革命理论为指南，以俄国的无产阶级革命实践为参照，结合中国社会现实，分析革命发展特征，将近代以来的革命运动视为完整统一的过程，划分为前后两个历史阶段，全面系统地论述了二者的区别和联系，明确了革命的发展趋势，建构起了从新式的资产阶级民主主义革命向社会主义革命转变的理论体系。毛泽东在民主革命胜利之前就坚定了革命转变的信念，在1937年《为争取千百万群众进入抗日统一战线而斗争》一文中鲜明地提出了共产党人的革命立场和理论主张，“我们是革命转变论者，主张民主革命转变到社会主义方向去”①。此后，毛泽东在《中国革命和中国共产党》《新民主主义论》《论联合政府》《论人民民主专政》等著作中进一步论述了有关革命转变的实现路径、必备条件等基本问题。理论是行动的先导，在科学理论的指引下，中国共产党带领全国人民努力践行两步走的革命战略，渐次把中国革命引向新的胜利。

社会主义革命是民主革命的必然趋势，民主革命必将转变到社会主义革命，在对二者关系的认知上，当时社会上存在着两种错误的观点，给中国革命实践造成了消极影响。一种是将

①《毛泽东选集》第1卷，人民出版社1991年版，第276页。

民主主义革命视为革命的终结，否认革命会转变。“有些幼稚的共产党员，以为我们只有在现在阶段的民主主义革命的任务，没有在将来阶段的社会主义革命的任务，或者以为现在的革命或土地革命即是社会主义的革命。应该着重指出，这些观点是错误的。”①另一种是将民主主义革命与社会主义革命人为割裂，否认二者之间的承接关系。在中国共产党的历史上，以陈独秀为代表的右倾论者鼓吹二次革命，这虽然承认中国革命分为资产阶级革命和无产阶级革命，但在两个阶段之间人为筑起了一道“万里长城”，提倡经过资产阶级专政的历史时期、在资本主义充分发展之后，无产阶级再进行社会主义革命。毛泽东在《中国革命和中国共产党》中对此进行了针锋相对的批驳，并预测了革命的未来走向：“完成中国资产阶级民主主义的革命（新民主主义的革命），并准备在一切必要条件具备的时候把它转变到社会主义革命的阶段上去，这就是中国共产党光荣的伟大的全部革命任务。”②毛泽东看到了民主主义革命、社会主义革命的密切联系，不允许革命就此停歇，也不允许两个革命阶段中间横插资产阶级专政和资本主义发展时期，而是激励每个共产党员接续奋斗，“绝对不能半途而废”③。

由民主革命向社会主义革命转变，是符合中国国情的必然选择，但何时转变、如何转变不能随意决定，而是受到客观条

①《毛泽东选集》第 2 卷，人民出版社 1991 年版，第 651 页。
②《毛泽东选集》第 2 卷，人民出版社 1991 年版，第 651 页。
③《毛泽东选集》第 2 卷，人民出版社 1991 年版，第 651 页。

件的限制。经济基础决定上层建筑，选择什么样的社会制度必须与当时的生产力发展水平相适应，毛泽东从中国国情的特殊性出发，对影响革命转变的因素进行了理性思考，旗帜鲜明地反对两种倾向："我们主张经过民主共和国的一切必要的阶段，到达于社会主义。我们反对尾巴主义，但又反对冒险主义和急性病。"[①]所谓"尾巴主义"，是指在革命转变问题上谨慎犹疑，过于保守，拖延了革命的进度；与"尾巴主义"相反，"冒险主义和急性病"指条件不成熟时的盲目转变，这在党的历史上表现得较为明显，如有人认为："革命胜利的开始，革命政权建立的开始就是革命转变的开始，中间决不会有丝毫的间隔"[②]。急于求成的做法严重脱离革命实际、违背社会发展规律，给党和革命事业带来了极大的影响。鉴于此，毛泽东在《论反对日本帝国主义的策略》中特别强调适当的时机、充分的准备和有利的条件："革命的转变，那是将来的事。在将来，民主主义的革命必然要转变为社会主义的革命。何时转变，应以是否具备了转变的条件为标准，时间会要相当地长。不到具备了政治上经济上一切应有的条件之时，不到转变对于全国最大多数人民有利而不是不利之时，不应当轻易谈转变。怀疑这一点而希望在很短的时间内去转变，如像过去某些同志所谓民主革命在重要省份开始胜利之日，就是革命开始转变之时，是不对的。这是

① 《毛泽东选集》第 1 卷，人民出版社 1991 年版，第 276 页。

② 中共中央文献研究室，中央档案馆编：《建党以来重要文献选编（一九二一—一九四九）》第 7 册，中央文献出版社 2011 年版，第 199 页。

因为他们看不见中国是一个何等样的政治经济情况的国家，他们不知道中国在政治上经济上完成民主革命，较之俄国要困难得多，需要更多的时间和努力。”[①]革命的转变不是即时发生的，需要经过一定时间的积淀；不是人的主观意志可以决定的，需要具备一定的支撑条件。《中国革命和中国共产党》谈及这一问题时，再次强调“在一切必要条件具备的时候”，说明毛泽东的革命转变理论日臻成熟。正是在这一理论的指导下，新式的民主主义革命胜利之后，中国进入了新民主主义社会，经由新民主主义社会的发展逐渐过渡到社会主义社会，最终确立了社会主义制度。

三、建设布尔什维克化的共产党

《中国革命和中国共产党》在论述近代中国革命双重任务的基础上转向了对革命领导者的关注。“而这两重革命任务的领导，都是担负在中国无产阶级的政党——中国共产党的双肩之上，离开了中国共产党的领导，任何革命都不能成功。”[②]由此很自然地引出了党的建设问题。《中国革命和中国共产党》是毛泽东在全面抗战时期与他人合作撰写的文章，毛泽东原本计划将“党的建设”作为第三章的主题专门论述，由于担任写作的同志因故未能完稿，目前看到的全文只收录了《中国社会》《中

①《毛泽东选集》第1卷，人民出版社1991年版，第160—161页。
②《毛泽东选集》第2卷，人民出版社1991年版，第651页。

国革命》两个独立成篇的部分。尽管如此，第二章《中国革命》结尾处仍然保留了承上启下的句子，强调了建设布尔什维克化的中国共产党的重要意义：“这样的任务是非常光荣的，但同时也是非常艰巨的。没有一个全国范围的、广大群众性的、思想上政治上组织上完全巩固的、布尔什维克化的中国共产党，这样的任务是不能完成的。因此，积极地建设这样一个共产党，乃是每一个共产党员的责任。”[①]虽然《中国革命和中国共产党》中没有独立的章节集中探讨，但毛泽东以往以及同时期其他论文中不乏对党的建设问题的说明，逐步形成了系统完整的党建思想，这对于我们理解文中提出的党的建设问题具有良好的借鉴意义。

中国共产党在近代革命斗争中具有特殊重要的地位，历史和实践证明，只有中国共产党才能救中国，“领导中国民主主义革命和中国社会主义革命这样两个伟大的革命到达彻底的完成，除了中国共产党之外，是没有任何一个别的政党（不论是资产阶级的政党或小资产阶级的政党）能够担负的”[②]。完成民主主义革命、社会主义革命是我们党首先面临的两大历史任务，共产党为此矢志不渝，“而中国共产党则从自己建党的一天起，就把这样的两重任务放在自己的双肩之上了，并且已经为此而艰苦奋斗了整整十八年”[③]。在民主革命阶段，中国共产党不仅

①《毛泽东选集》第 2 卷，人民出版社 1991 年版，第 652 页。
②《毛泽东选集》第 2 卷，人民出版社 1991 年版，第 652 页。
③《毛泽东选集》第 2 卷，人民出版社 1991 年版，第 652 页。

与帝国主义、封建主义为敌，而且不间断地同资产阶级展开积极斗争，及时纠正党内的“左”、右倾错误，主动争取、牢牢把握革命的领导权，为中国革命找到了一条正确的道路，带领中国人民经由新民主主义走向社会主义、共产主义。

领导革命走向胜利并非轻而易举之事，外有敌对势力的挑衅，内有不同观点的分歧，中国共产党克服了重重困难砥砺前行。毛泽东在《反对本本主义》中指出：“这些伟大的革命任务的完成不是简单容易的，它全靠无产阶级政党的斗争策略的正确和坚决。倘若无产阶级政党的斗争策略是错误的，或者是动摇犹豫的，那末，革命就非走向暂时的失败不可。须知资产阶级政党也是天天在那里讨论斗争策略的，他们的问题是怎样在工人阶级中传播改良主义影响，使工人阶级受他们的欺骗，而脱离共产党的领导，怎样争取富农去消灭贫农的暴动，怎样组织流氓去镇压革命等等。在这样日益走向尖锐的短兵相接的阶级斗争的形势之下，无产阶级要取得胜利，就完全要靠他的政党——共产党的斗争策略的正确和坚决。”[①]归根结底，共产党唯有不断强大自身，把党建设得更加坚强有力，才能经受各种考验、抵御各种诱惑，制定正确的路线、方针、政策，更好地带领广大人民群众在革命的道路上越走越远，反之，则会偏离方向、背离初心。从党的实际情况分析，建党以来，党内一度盛行把马克思主义教条化、把共产国际和苏联经验神圣化的倾

①《毛泽东选集》第 1 卷，人民出版社 1991 年版，第 115 页。

向，也出现过“左”倾冒险主义和右倾机会主义的错误，这几乎使中国革命陷入绝境。抗战以来，党员数量大幅增加，大多数党员出身于农民、小资产阶级，“都不免或长或短地拖着一条小资产阶级的尾巴进党来”①，如何克服非无产阶级思想仍然是党亟待解决的问题。革命的要求与党的现状之间还存在差距，加强党的建设迫在眉睫、势在必行。

中国共产党历来重视党的建设，很早就开始了对建设什么样的党、如何建设党等问题的思考。党的第二次代表大会通过的《关于共产党的组织章程决议案》中提出：“我们共产党，不是‘知识者所组织的马克思学会’也不是‘少数共产主义者离开群众之空想的革命团体’，‘应当是无产阶级中最有革命精神的大群众组织起来为无产阶级之利益而奋斗的政党，为无产阶级做革命运动的急先锋’”；“我们既然是为无产群众奋斗的政党，我们便要‘到群众中去’要组成一个大的‘群众党’”②，这既阐释了党的性质，也提出了通过“到群众中去”的方法建成“群众党”的目标定位。20 世纪 30 年代以来，共产党的领导责任更大、革命担子更重，党建的任务更为紧迫。1935 年 12 月，瓦窑堡会议通过的《中共中央关于目前政治形势与党的任务的决议》中首次提出了两个先锋队的问题，即“中国共产党是中国无产阶级的先锋队”“同时中国共产党又是全民族的先

①《毛泽东选集》第 3 卷，人民出版社 1991 年版，第 833 页。

② 中共中央文献研究室，中央档案馆编：《建党以来重要文献选编（一九二一——一九四九）》第 1 册，中央文献出版社 2011 年版，第 162 页。

锋队”，[1]从一个“急先锋”到两个“先锋队”的转变适应了时代的发展，不仅赋予了党的建设更丰富的内涵，而且对党的建设提出了更高的要求。1939年10月，毛泽东在《〈共产党人〉发刊词》中将“建设一个全国范围的、广大群众性的、思想上政治上组织上完全巩固的布尔什维克化的中国共产党”[2]称之为一件“伟大的工程”，在随后发表的《中国革命和中国共产党》中毛泽东再次援引上述语言予以强调。这个表述涵盖了党建的范围、目标、内容，为全面抗战形势下推进党的建设工作指明了方向、确立了重点。中国共产党不仅善于钻研如何把一个无产阶级人数较少、非无产阶级人数较多的党建设成马克思主义政党，而且在实践上积极行动，以思想建设为首位，全面推进党的各项建设，在全面抗战时期创造性地开展整风运动，取得了显著成效。正是由于中国共产党的坚强领导，中国革命的双重任务才能顺利完成。因而，党的建设被毛泽东誉为民主革命取得胜利的三大法宝之一，这既是革命战争时期党的建设经验的总结，也代表着中国共产党建设科学化水平的提升。

① 中共中央文献研究室，中央档案馆编：《建党以来重要文献选编（一九二一—一九四九）》第12册，中央文献出版社2011年版，第549页。

②《毛泽东选集》第2卷，人民出版社1991年版，第602页。

第十一章　理论价值和现实意义

20 世纪 30 年代末，中国站在了历史的岔路口，中国革命处于关键性转折，中国人民面临方向性选择。此时，以毛泽东为代表的中国共产党人高瞻远瞩，针砭时弊，将共产党人的立场、观点、主张等寓于大量著述中，以巨大的政治勇气、高度的理论自觉写下了一篇篇闪烁着马克思主义思想光芒的著作。《中国革命和中国共产党》是其中的代表作，深刻地回答了一个半殖民地半封建国家为什么要革命以及怎样进行革命的时代难题，不仅从理论上丰富和发展了马克思主义学说，而且在实践上指引着中国革命不断走向胜利，具有深远的历史影响和重大的理论价值。如今，中国特色社会主义进入新时代，《中国革命和中国共产党》伴随着中国革命、建设、改革走过了整整 80 年的风雨历程。中国所处的时代环境发生了翻天覆地的变化，文中关于中国未来社会的美好设想正在一步步变成现实。尽管时过境迁，中国马克思主义经典著作历久弥新。《中国革命和中国共产党》对中国社会的透彻分析、对中国革命的真知灼见、对中国共产党使命的准确把握以及蕴藏其中的历史观、方法论等仍然给当下以深刻的启示，具有强烈的现实意义。

一、指导中国革命走向胜利的行动指南

列宁指出："没有革命的理论，就不会有革命的运动。"[①]"只有以先进理论为指南的党，才能实现先进战士的作用。"[②]此处"革命的理论""先进理论"首先指科学系统的马克思主义理论，"只有革命马克思主义的理论，才能成为工人阶级运动的旗帜"[③]。具体到近代中国而言，中国共产党领导无产阶级开展民主主义革命，为社会主义革命创造条件，既离不开马克思主义理论的宏观指导，也需要马克思主义中国化理论成果的具体指引，通过加强两方面的宣传教育帮助广大人民群众深刻理解中国社会的基本国情，准确把握革命的性质、对象、任务、方法、前途，更好地贯彻执行党的路线、方针、政策，为中国革命走向胜利奠定良好基础。

抗日战争是中华民族解放史上的壮举，是新民主主义革命的重要阶段，"现在的抗日战争，是中国革命的一个新阶段，而且是最伟大、最活跃、最生动的一个新阶段"[④]，同时也是中国共产党承受压力最大、面临困难最多的阶段。社会各界普遍面临着一些思想上的误区和理论上的困惑：如何认知中国的历史

①《列宁选集》第1卷，人民出版社2012年版，第311页。
②《列宁选集》第1卷，人民出版社2012年版，第312页。
③《列宁选集》第1卷，人民出版社2012年版，第271页。
④《毛泽东选集》第2卷，人民出版社1991年版，第567页。

进程、当前使命与抗战前途？如何处理抗日战争中的独立自主与统一战线的矛盾？如何看待国共两党的革命地位与作用？如何定位当前革命阶段与未来革命走向的关系？不同党派、团体、个体之间出现了截然不同的观点，客观上也造成了人们认知上的混乱。党内同样存在此类问题，“大批的新党员还没有受到教育，很多的新组织还没有巩固，他们同老党员和老组织之间，还存在着很大的区别。大批的新党员、新干部还没有足够的革命经验。他们对于中国的历史状况和社会状况、中国革命的特点、中国革命的规律还不懂得或懂得不多。他们对于马克思列宁主义的理论和中国革命的实践之完全的统一的理解，还相距很远”[①]。理论学习的重要性、紧迫性日益凸显，中国共产党亟待以马克思主义中国化的最新理论成果教育全党。为了更好地肩负起领导抗日战争走向胜利这一神圣的历史使命，中国共产党在抗日根据地大力推进马克思主义学习运动，提出“普遍地深入地研究马克思列宁主义的理论的任务，对于我们，是一个亟待解决并须着重地致力才能解决的大问题”[②]。中国共产党不仅着力加强马列主义理论教育，而且对中国马克思主义经典著作进行广泛宣传，将历史教育、国情教育、形势教育、革命教育、阶级教育等作为重要的内容，提高了根据地人民群众的思想觉悟和理论水平，有效地应对了复杂的社会环境和艰巨的革命任务。

①《毛泽东选集》第 2 卷，人民出版社 1991 年版，第 612 页。
②《毛泽东选集》第 2 卷，人民出版社 1991 年版，第 533 页。

《中国革命和中国共产党》的发表适应了全面抗战时期根据地学习运动的需要，承担着革命动员、理论宣传的职责。1940年春，《中国革命和中国共产党》第一、二章的内容分别登载在党内刊物《共产党人》第四、五期。编委将之作为首篇文章，并随之刊发了一则启事："《中国革命与中国共产党》一书，为本书编辑委员会编辑，供各学校、各训练班教课及在职干部自修学习之用。这是初稿，随编随在《共产党人》上发表，希教者读者提出意见，以便修改，使成一个完善的教本。各地教课时，可从本刊上取下付印。"[①]《中国革命和中国共产党》问世之后便作为领袖经典著作、党内教育教材长期流传，成为新民主主义革命时期中国共产党对党员、干部以及广大人民群众开展思想政治教育的常见读物。就出版方式而言，书店、报社、部队等均参与其中，各地以单行本出版的情况非常普遍，也有与毛泽东的其他著作合并发行的做法，还有部分地区将之全文登载、收录于其他期刊、著作之中，作为党史资料汇编、领袖著作选集的部分内容呈现给读者。就传播范围而言，主要集中在根据地、解放区，也在境外地区（如美国、日本）传播。就发行力度而言，不少版本再版（如解放社版、新华书店版），甚至4版、5版（如华中新华书店版、太岳新华书店版），地方政府、高校翻印（如北方大学、华北大学）的情况亦不鲜见。五卷本《毛泽东选集》将之收录之后，其传播强度更大、辐射领

①《共产党人》1940年第4期，第2页。

域更广，晋察冀日报社初版五卷本分册和合订本各印2000册，后又多次再版、翻印；东北版在新中国成立前印制合订本多达20 000部，在民主革命时期实属不易，引起了较大的反响，根据地掀起了理论学习的高潮。

《中国革命和中国共产党》一文具有鲜明的问题意识和强烈的担当精神，围绕着重大理论与现实课题，以宏大的视野、清晰的逻辑、缜密的论证揭示了中国社会的演进趋势、中国革命的发展规律、中国共产党的历史使命等。伴随着《中国革命和中国共产党》的广泛传播和深入学习，广大干部、党员、群众普遍受到了深刻的马克思列宁主义教育，进一步认清了形势、消除了疑虑、找准了方向、坚定了信心。《中国革命和中国共产党》将全党、全军和全国人民的思想和行动统一到革命的当前目标和长远任务上来，为夺取抗日战争胜利，并把民主革命推向新的发展阶段，领导中国革命取得一个又一个的伟大胜利，发挥了理论指导和方向指引作用。

二、毛泽东思想成熟的标志性成果之一

在落后的东方大国完成民主主义革命、建立社会主义国家，堪称人类社会发展史上惊天动地的事业。马克思列宁主义是科学的理论体系，但马克思、恩格斯、列宁等经典作家对此没有也不可能给出具体方案，而是提供了一般性原则和指导性意见，

提供了分析问题的基本立场、观点和方法，“马克思的整个世界观不是教义，而是方法。它提供的不是现成的教条，而是进一步研究的出发点和供这种研究使用的方法”[①]。马克思主义必须与中国革命实际相结合，真理的力量才能得到最大限度的发挥。以毛泽东为代表的中国共产党人在领导中国革命的过程中，一方面以马列主义理论为基本遵循，另一方面大胆探索、勤于思考，努力冲破教条主义的束缚，集中全党智慧创立了毛泽东思想，完成了马克思主义中国化的第一次飞跃，开辟了马克思主义理论发展的新境界，为中国革命带来了新的生机。

毛泽东思想是近代中国社会演变、革命发展的必然产物，从萌芽至成熟历经多个阶段。在此期间，中国共产党在错误中成长、在曲折中前行，进一步认识了中国的国情，把握了革命的规律，不再凭着一腔热情盲目干革命，而是在理性的指引下科学谋划，制定出了与马克思列宁主义基本原理相一致、与中国革命实际相契合的路线、方针、政策。经过长期的沉淀与积累，毛泽东思想臻于成熟，形成了包括革命理论、统一战线理论、党建思想、战略战术思想、哲学思想等在内的完备的理论形态。其中，新民主主义革命理论是毛泽东思想的重要组成部分，集中反映了中国共产党关于近代以来中国革命问题的深层思考以及由此取得的理论成果，在毛泽东思想发展史上占据着重要的地位。

新民主主义革命理论的主要观点体现在毛泽东抗战以来连

①《马克思恩格斯选集》第 4 卷，人民出版社 2012 年版，第 664 页。

续发表的多篇经典著作中,《中国革命和中国共产党》是重要的文本来源，围绕着半殖民地半封建国家为什么要进行革命以及如何进行革命的问题展开详细论述。《中国社会》一章以时间的推移为写作主线，从对中华民族悠久的历史、灿烂的文化、勇敢的人民等的赞美入手，进而转入对中国三千年封建社会主要特征的剖析，随后重点描述了近代以来华夏大地的沧桑巨变，对半殖民地半封建的社会性质及其主要矛盾进行了阐释，辉煌的过往与屈辱的现实之间形成了巨大的反差，易于唤起读者革命的自觉。《中国革命》一章则以近代革命涉及的诸多基本问题为叙事主题，逐一展现了中国共产党新民主主义革命理论的核心观点：中国革命的对象是帝国主义和封建主义；中国革命的任务是对外推翻帝国主义压迫的民族革命和对内推翻封建地主压迫的民主革命；中国革命的主要形式是武装斗争；中国革命的主要方法是把落后的农村造成先进的巩固的根据地；中国革命可能的动力包括部分地主阶级、部分资产阶级、小资产阶级、农民阶级、无产阶级、部分游民等；中国革命的领导者是无产阶级；现时中国革命的性质是新式的资产阶级民主主义革命，革命要造就一个工人、农民、城市小资产阶级和其他一切反帝反封建分子的革命联盟的民主共和国；中国革命的终极前途是社会主义和共产主义；中国共产党首先要完成新民主主义的革命任务，并准备在一切必要条件具备的时候转变到社会主义革命阶段。上述问题构成了一个完整的逻辑链条，新民主主义革命理论的基本框架已具雏形，新民主主义革命理论的主要内容得以确立。

《中国革命和中国共产党》表达了共产党人的革命立场和必胜信念，旨在把中国革命引向光明的前途，不仅进一步丰富了新民主主义革命理论，而且体现了毛泽东思想的活的灵魂。文中对中国国情的认识、对革命动力的分析、对革命道路的选择、对革命阶段的划分、对革命前途的展望等等无一不彰显了实事求是的精神，体现了马克思列宁主义普遍原理与中国革命具体实践相结合的理论品格。尽管《中国革命和中国共产党》不是系统阐发新民主主义革命理论的唯一文本，但它具有自身独特的理论价值，第一次提出了新民主主义的革命的概念，详尽分析了中国社会的基本性质、主要矛盾，清晰阐述了中国革命的对象、任务、动力、性质、前途等，既有对以往思想理论观点的系统总结，也为后来《新民主主义论》的面世做了很好的铺垫，呈现出内容的丰富性、论述的科学性、结构的完整性等特征，是毛泽东思想成熟的标志性成果之一。

三、以党的自我革命推动伟大社会革命

《中国革命和中国共产党》一文不仅论述了有关中国革命的基本问题，而且提出了加强党的建设的时代课题，将新民主主义革命成功与否归结为能否建立一个“全国范围的、广大群众性的、思想上政治上组织上完全巩固的、布尔什维克化的中

国共产党”[①]，使党的自身建设与革命的前途命运之间形成了一个有机整体。党的十八大以来，习近平总书记立足马克思主义语境下的社会革命观，将中国共产党领导下的革命、建设、改革等不同历史阶段的实践活动贯通起来纳入社会革命的范畴，以恢宏的历史视野解读社会革命的科学内涵，提出改革开放是“中国的第二次革命”[②]的论断，强调新时代中国特色社会主义“是我们党领导人民进行伟大社会革命的成果，也是我们党领导人民进行伟大社会革命的继续，必须一以贯之进行下去”[③]，彰显了社会革命的整体性、系统性和延续性。习近平总书记还进一步揭示了党的自我革命与社会革命之间的内在关联，提出“在新时代，我们党必须以党的自我革命来推动党领导人民进行的伟大社会革命”[④]的现实命题，深刻回答了新时代是否需要以及如何进行伟大社会革命的问题，这既是对《中国革命和中国共产党》核心思想的继承和丰富，也为新时代全面从严治党、全面深化改革提供了根本遵循。

以党的自我革命推动伟大社会革命，这是中国共产党领导革命、建设、改革取得胜利的宝贵经验。勇于自我革命是我们党最鲜明的品格，也是我们党最大的优势。“自我”代表着主体

①《毛泽东选集》第 2 卷，人民出版社 1991 年版，第 652 页。

②《习近平在博鳌亚洲论坛 2018 年年会开幕式上的主旨演讲》，2018 年 4 月 10 日，http://www.xinhuanet.com//politics/2018-04/10/c_1122659873.htm。

③《以时不我待只争朝夕的精神投入工作　开创新时代中国特色社会主义事业新局面》，《人民日报》2018 年 1 月 6 日。

④《以时不我待只争朝夕的精神投入工作　开创新时代中国特色社会主义事业新局面》，《人民日报》2018 年 1 月 6 日。

的自省自觉，“革命”意味着批判性与彻底性，自我革命是一个从否定到超越的艰难过程，需要自我认知的能力、自我批判的勇气、自我完善的决心以及自我净化的行动。中国共产党是勇于自我革命的政党，中国共产党的历史是团结带领全国各族人民共同走过革命、建设、改革的接续奋斗史，也是共产党人不断同错误思想、言论、行为作斗争的自我革命史。在半殖民地半封建的中国，民族危机空前深重，人民群众饱受苦难，社会革命是改变中国前途命运的不二选择。中国共产党从诞生之日起就将共产主义镌刻在自己的旗帜上，致力于建立人类历史上最理想的社会制度，为推动伟大的社会革命不懈努力。为了驱逐帝国主义实现民族独立，为了推翻封建主义实现人民民主，中国共产党踏上了漫漫征途。此后，无论是血雨腥风的革命战争年代，还是百废待兴的社会主义建设时期，抑或是筚路蓝缕的改革开放时期，我们党始终坚持以自我革命的精神锤炼自己，着力加强政治建设、思想建设、组织建设、作风建设等，从一个只有 50 多名党员的小党成长为拥有 9000 多万名党员的中国特色社会主义事业的坚强领导核心。在这个过程中，中国共产党经历过重重考验、面临过种种磨难，曾经犯过严重的错误，也遭遇过巨大的挫折，但一代又一代共产党人不掩饰弊端、不回避问题、不逃避责任，不断自我审视、自我反思、自我提高，最终带领全国人民结束了落后挨打的屈辱历史，中华民族实现了从站起来到富起来再到强起来的伟大跨越。中国共产党之所以能够在残酷的革命斗争中赢得主动，在激烈的党派较量中脱颖而出，在动荡的社会局势中站稳根基，以自我的变革引领社会的变革是其成功的根本法则。实践表明，持续推进党的自我革命是中国共产党能够在艰难困苦面前始终保持旺盛生命力和强大向心力的关键所在。在领导革命、建设、改革的近百年实践历程中，中国共产党致力于解决自身存在的突出问题，其自我革命的特质愈益鲜明，已然融入了共产党的精神血脉，成为我们党区别于其他政党的显著标识。

以党的自我革命推动伟大的社会革命，这是夺取新时代中国特色社会主义伟大胜利的必然要求。近代以来，中国共产党矢志不渝地推动伟大社会革命，创造了举世瞩目的辉煌成就，我们距离中华民族伟大复兴的中国梦从未如此之近，但前行的道路从来不是一帆风顺的，“历史和现实都告诉我们，一场社会革命要取得最终胜利，往往需要一个漫长的历史过程”①。中国特色社会主义进入新时代，改革事业进入攻坚期、深水区，新的问题正在涌现、新的矛盾不断凸显，我们正处于船到中流浪更急、人到半山路更陡的时候，党的建设的伟大工程作为实现伟大斗争、伟大事业、伟大梦想的关键所在，只能加强，不容削弱。1921 年至今，中国共产党走过了近百年的发展历程，党的先进性建设和执政能力建设持续增强，但我们党仍然面临着诸多具有新的历史特征的复杂斗争。习近平总书记指出：“党的十八大以来，我们推进全面从严治党取得了显著成效，但还远

①《以时不我待只争朝夕的精神投入工作　开创新时代中国特色社会主义事业新局面》，《人民日报》2018 年 1 月 6 日。

未到大功告成的时候。我们党面临的‘四大考验’、‘四种危险’是长期的、尖锐的，影响党的先进性、弱化党的纯洁性的因素也是复杂的，党内存在的思想不纯、政治不纯、组织不纯、作风不纯等突出问题尚未得到根本解决。特别是要看到，在新时代，我们党领导人民进行伟大社会革命，涵盖领域的广泛性、触及利益格局调整的深刻性、涉及矛盾和问题的尖锐性、突破体制机制障碍的艰巨性、进行伟大斗争形势的复杂性，都是前所未有的。我们必须增强忧患意识、责任意识，把党的伟大自我革命进行到底。”[①]党的自我革命是伟大社会革命的根本前提和有力保障，新时代要把坚持和发展中国特色社会主义这场伟大社会革命进行好，唯有坚定不移地推进党的自我革命，把我们党建设得更加坚强有力；反之，如果党自身出了问题，中国特色社会主义将难以为继。这要求我们在习近平新时代中国特色社会主义思想的指导下，以奋发有为的状态、革故鼎新的勇气推进全面从严治党，推进新时代党的建设系统工程，确保党在世界形势深刻变化的历史进程中始终走在时代前列，在应对国内外各种风险和考验的历史进程中始终成为全国人民的主心骨，在坚持和发展中国特色社会主义事业的历史进程中始终成为坚强有力的领导核心，努力开创新时代中国特色社会主义事业的新局面。

①《切实贯彻落实新时代党的组织路线　全党努力把党建设得更加坚强有力》，《人民日报》2018 年 7 月 5 日。